青春期孩子的正面管教

马利琴◎著

中华工商联合出版社

图书在版编目（CIP）数据

青春期孩子的正面管教 / 马利琴著. -- 北京：中华工商联合出版社，2019.1（2021.8重印）

ISBN 978-7-5158-2448-2

Ⅰ．①青… Ⅱ．①马… Ⅲ．①青春期－家庭教育 Ⅳ．①G782

中国版本图书馆CIP数据核字（2018）第299706号

青春期孩子的正面管教

作　　者：马利琴

责任编辑：胡小英

装帧设计：零三二五创意设计

责任审读：李　征

责任印制：迈致红

出版发行：中华工商联合出版社有限责任公司

印　　刷：衡水泰源印刷有限公司

版　　次：2019年7月第1版

印　　次：2021年8月第3次印刷

开　　本：880×1230mm　　1/32

字　　数：140千字

印　　张：7

书　　号：ISBN 978-7-5158-2448-2

定　　价：42.00元

服务热线：010-58301130-0（前台）

销售热线：010-58302977（网店部）

　　　　　010-58302166（门店部）

　　　　　010-58302837（馆配部、新媒体部）

　　　　　010-58302813（团购部）

地址邮编：北京市西城区西环广场A座

　　　　　19-20层，100044

http://www.chgslcbs.cn

投稿热线：010-58302907（总编室）

投稿邮箱：1621239583@qq.com

青春期需要的是正面管教，而非据理力争

夏天，吃完晚饭的时候，我经常到附近的街心公园散步。这天，我又一次去了那里。

在中间的空地上，几个处于青春期的男孩正在玩轮滑。就在我欣赏男孩们玩滑轮的时候，一位中年妇女急匆匆地跑过来，上气不接下气的。只见她走到一位男孩面前，大喊道："写完作业了？"那个男孩先是向四周看了看，然后扭头看向中年妇女，怯生生地说："还有一点。"

中年妇女说："没写完？没写完，就出来玩！跟你说多少次了，先写作业。"

男孩辩解着："写完作业，天就黑了，怎么玩？先玩一会儿，等天黑了，我就回去写。"

听到这里，我知道，这多半是母子。看到儿子居然不跟自己回去，中年妇女生气了："你看看你的成绩，要是能考90多分，你想怎么玩就怎么玩。偏科，不及格，还有脸出来玩，你不嫌丢人呢！"

说完，中年妇女就开始数落男孩，如晚上不睡觉、早上不起床、上课不认真、待人不礼貌、顶撞自己……

我有些理解这个男孩了，遇到这样喜欢唠叨、说教的母亲，即使母亲的出发点是好的，孩子也会受不了吧！接下来男孩的表现证明了我的猜测：男孩的脸越来越红，之后扭头就走。看到男孩离开，中年妇女慌忙追了上去……

我有些同情这个男孩了，遇到这样的母亲，不知道是幸，还是不幸。

青春期，孩子的思想会发生翻天覆地的变化。如果每个父母都用中年妇女的那一套来管教孩子，相信孩子早晚都会反抗。

青春期，是个特殊的阶段，更是一个危险丛生的阶段。父母如果不能跟孩子搞好关系，采用错误的教育方法，很容易让亲子关系走向极端。觉得自己有理，跟孩子据理力争，只能取得暂时的胜利；对孩子进行科学的正面管教，才能让孩子心服口服。

青春期，也是叛逆期，是个令父母手足无措的时期，更是孩子成长的关键时期。面对近似于疯狂的孩子，在父母感慨"我的孩子怎么了"时，为何不问问自己：我的教育方法是否正确？

青春期是孩子人生的十字路口。走对了，能成就孩子一生；走错了，有可能会毁了孩子一生。在重要的人生路口，父母一定要改变传统的教育方法，对孩子进行正面的、积极的管教。

父母是孩子的第一任老师，在孩子的成长过程中起着举足轻重的作用。面对青春期的孩子身上出现的一系列行为，如追星、上网、学习不用功、追求名牌、文身、抽烟等，于是父母大发雷霆、偷看孩子的日记、侵犯孩子的隐私……虽然这样做的目的是为了更好地了解和管教孩子，但用错了方法，也只能让亲子之间的矛盾越来越大。

难道面对青春期的孩子，父母就无计可施了？当然不是！本书以青春期的孩子为出发点，对青春期孩子的心理特点及遇到的种种问题进行了详细剖析，并结合相关的真实案例，深入浅出地对其进行了分析和总结，值得每一位读者认真阅读和借鉴学习。

青春期，是人生中最美好的一个阶段，如钻石般珍贵，如鲜花般美丽。父母要了解孩子的真实想法，和孩子进行正确沟通，正确地引导孩子愉快地度过这段特殊时期，那么迎接孩子的必将是更美好的人生！

目录
CONTENTS

第五章 体察孩子的情绪变化

——因势利导，帮助他们走出内心的不安

第六章 学习是孩子的主业

——解决好五个问题，孩子就能爆发出惊人的学习力

第一章

了解青春期的心理特点，给孩子最好的教育

特点一 青春期，孩子的自我意识出现质的变化

　　青春期的孩子对于"自我"的体验和感受已经非常清醒。如果说，儿童对自己的认识和评价基本上是服从成人意见，那么青春期的孩子就完全不同了。他们已经对自己产生了浓厚的兴趣，热衷于思考自己的优点、缺点。他们显得很自恋，但同时又经常夸大自己的缺陷，最后还总为自己的不完美而沮丧。要想对青春期的孩子做好引导，就要了解青春期孩子自我意识出现的变化。

　　困惑的父母一：

　　我儿子今年12岁，小时候个性比较开朗，小学阶段成绩十分优异，可是自从升入初中后，他就渐渐地变得内向、自卑了。刚开始，我以为是儿子不适应学校环境，可是半年过去了，他不但没有调整好，反而更自卑了，让他做事，他总是说自己这也不行，那也不行。

青春期的孩子很容易产生自卑感，因为此阶段他们的生理、心理等方面都在发生巨大的变化，如果这种变化没有朝着他们期望的方向发展，孩子就会变得自卑。比如，有的孩子身体发育迟缓，有的孩子长着满脸的青春痘，有的孩子个头比同龄孩子矮半头……所有这些都会让他们感到自卑，觉得自己不如别人。

困惑的父母二：

13岁的肖晓正在上初二，却还像个小学生一样渴望得到老师的表扬。如果老师几天没有表扬她，她就会表现得特别积极，上课积极回答问题，为大家做好事……

同学们说："肖晓是个离不开表扬的人，想跟她交朋友很简单，只要夸她两句就行。"不仅如此，肖晓最近突然喜欢上了打扮，每天早上挑衣服就要花半个小时，出门前还要在镜子前照来照去，不肯离去。

面对这种状况，爸爸有些焦虑地说："怎么这么自恋！真不知道长大会是什么样？"

父母过度表扬孩子、强调自信，会让孩子失去对自己的客观认识，变得傲慢、自负、虚荣、浮夸，这都是孩子自恋的表现。自恋的孩子会以一种膨胀的观点来看待自己，终究会在事实面前撞得头破血流。

方法一：积极引导，让孩子自信起来

青春期孩子的自卑感，是他们在与别人比较后，觉得自己不如别人，进而表现出来的软弱、无能、精神不振等心理失衡状态，是孩子对自己能力与品质的一种自我认知或自我否定。最重要的是，自卑感还会对孩子造成严重的影响。因此，父母必须重视青春期孩子的自卑问题，让他们变得自信、勇敢起来。

要想消除青春期孩子的自卑感，父母就要对他们进行积极鼓励和引导，从生活、学习等方面培养他们的自信心。

除此之外，父母还要鼓励孩子多跟他人交往，不要把自己封闭起来；同时，在与人交往的过程中，正确地认识自己和他人的优缺点，多学习别人的优点，完善自己不足的一面，从而渐渐消除自卑感。

方法二：要想让孩子不自恋，就不要过度表扬

自恋的人一般都怀有强烈的优越感，其自信心远超一般人，渴望得到他人的赞赏。这种心理会诱发孩子产生攻击行为，出现心理问题。青春期的孩子之所以会变得更加自恋，其中一大诱因就是父母的过度夸奖。因此，如果想让孩子不自恋，就不要对他们进行过度表扬。

特点二 孩子渴望独立，不想跟父母一起走

青春期的孩子总是希望得到他人的承认和尊重，他们觉得自己是独立的个体，想摆脱成人的约束，渴望独立。为了得到他人的认可，他们总会尝试一些之前没有做过的事情；他们不愿意受到父母的指派，渴望按照自己的意志去做事。

困惑的父母一：

小奕从小在父母的呵护下长大，对父母有着很强的依赖性，但是自从进入青春期，她与父母的交流少了，做事也不问父母的意见就自行决定；同时，与父母的关系好像也是一天比一天疏远。现在，每天放学一回到家，小奕就会钻进自己的卧室，锁上门，不理父母；吃饭时，她也默不作声，埋头吃饭；或者干脆父母问一句，她答一句。不到万不得已，她从不主动与父母说话。

如今，很多父母都有小奕父母这样的烦恼，他们不知道自己究竟哪里做错了，惹得青春期的孩子和自己越来越疏远。其实，父母不必为此忧心，因为这是青春期孩子的一种正常表现。

困惑的父母二：

我儿子刚上初二，去年在我的强硬要求下他把长发剪短了，但后来将一头黑发染黄了，上个星期居然又在我不知道的情况下，烫了一个非主流的爆炸头。他这不是故意惹我生气吗？10岁前，我儿子还比较乖巧听话，可是自从升入初中后，他竟然发生了这么大的变化，让他往东，他就偏往西！整天看谁不顺眼，就跟谁急。

青春期的孩子的确像上述父母所讲的那样：越是父母明令禁止的事情，如早恋、逃课、打架、上网等，他们越想尝试一下。这是因为青春期的孩子已经减少了对大人的依赖，开始渴望独立，渴望按照自己的意愿来安排自己的生活、学习和交友等。

方法一：与孩子的好朋友保持沟通

青春期的孩子都很讲义气，一旦好友出现了问题，他们通常都愿意帮忙，也很尊重好朋友的父母。因此，与孩子的好朋友保持联系，是父母了解孩子一个非常好的途径。如果想对孩子多一些了解，就可以从孩子的好友入手。

青春期的孩子会遇到很多问题和烦恼，可是由于孩子各方面的能力有限，因而表现得比较明显的就是向朋友倾诉；倾诉完了，他们依然毫无办法。因此，从孩子的朋友入手，主动跟他们沟通交流，就可以轻松获得孩子的第一手资料，从而发现自己孩子的问题，并实时引导和点拨孩子。

方法二：在理解的基础上，用宽容的态度和孩子沟通

青春期的孩子出现叛逆行为时，父母不要急着去批评，不要立刻指责，要多给孩子一些理解和宽容，并引导孩子说出出现某种情绪的原因。

面对青春期孩子的各种异常行为，父母首先要弄清楚原委，给他们更多的理解和宽容；同时，还要正确引导他们从异常的行为中解脱出来，通过正确的途径、使用正确的方法，引导他们将心中的不良情绪发泄出来，做快乐向上的人。

特点三 情绪的多变与感情的深化共同发生

　　青春期的孩子，一般都多愁善感、喜怒无常，父母不知道孩子发生了什么，只知道孩子的情绪变化莫测。这时期，孩子的情绪多变与感情深化是一起发生的，他们能产生和感受许多细腻复杂的感情。

　　困惑的父母一：

　　女儿从小就是个多愁善感的女孩，上高中后更容易情绪化了。她很喜欢读课外书，可是很容易受到故事情节的影响，总会哭得一塌糊涂；甚至在看电视剧的时候，遇到感人的镜头也会泪流满面。我不知道是她太过善良，还是太过多愁善感。

　　进入青春期后，孩子就会发现感情是一件复杂的东西，于是他们就会表现得敏感、细腻，情绪就会变得喜怒无常。比如，有的孩子看到路边枯萎的花草会感到难过，有的孩子读到伤心的故事会泪流……如此，在美好的青春时光里，孩子就容易多愁善感起来。

困惑的父母二：

前几天，因为一件小事情，儿子和我们大吵了一架，那架势好像彼此之间有什么深仇大恨似的。在孩子升入初中后，这种情况总会出现，我们也不知道究竟哪里惹到他了，他总会无缘无故地发脾气，不是嫌我们管得太多，就是怪我们对他管教得太严；不是怪我们对他的朋友不好，就是说我们不爱他了……按理说应该越长大越懂事才对，可是我家儿子怎么越长大越难养呢？

青春期的孩子确实给父母带来了诸多麻烦，尤其是孩子动不动就发脾气更是让父母很头疼。不要总是困惑于孩子火气大、脾气暴，父母要通过观察孩子"愤怒"的行为，不断地挖掘他们深层次的心理需求。

方法一：转移"伤感孩子"的注意力

青春期的孩子容易表现得多愁善感，这本身是由他们的生理特点决定的。通常父母只要善加引导，就会让孩子安然度过这段时期。但是如果父母置孩子的孤独、伤感于不顾，往往就会酿成大错。

孩子的悲伤情绪一般都不会持续很长时间，但如果不及时帮孩子从这种不良情绪中解脱出来，他们很有可能会一直沉浸在这种忧伤的氛围中，变得更加多愁善感。所以，如果发现青春期的孩子沉浸在多愁善感中难以自拔时，父母就要想办法把他们的注意力转移到那些有趣、开心的事情上来，让他们在最短的时间里从悲伤中解脱出来。

方法二：告诉孩子情绪化的不良后果

青春期的很多孩子之所以会将发脾气当作一种宣泄的方式，主要是因为他们并不知道情绪化会带来不良后果，因此父母完全可以适时地和孩子进行沟通，将情绪化的害处直接告诉孩子，引导孩子有效地控制自己的情绪。

青春期的孩子身心等各方面都在发生急剧的变化，比如，在内分泌的调节下，生长速度会明显加快，体形、速度、耐力、灵敏度等方面会发生巨变，心理也会发生巨变……情绪化的孩子虽然不是"坏"孩子，但很容易伤害孩子的心理和生理状态。所以，父母一定要对情绪化的孩子做好引导，让他们学会控制和管理自己的情绪。

特点四 青春期孩子渐渐疏远与成人的关系

青春期的孩子不再像小孩子那样服从父母和老师，他们希望获得大人一样的权利，希望自己做决定，希望按照自己的意愿行事，他们跟大人的关系也会渐渐疏远。

困惑的父母一：

星期天，莉娜的舅舅来家里串门。我一边准备水果，一边吩咐莉娜去端水。可是，等了老半天，莉娜却没有反应。我定睛一看，原来莉娜正戴着耳机摇头晃脑地听音乐呢。

"跟你说话，没听见啊！去给舅舅倒杯茶！"看到女儿这个样子，我很生气，一把扯下莉娜耳朵上的耳机。我的这一举动着实吓了莉娜一跳："你干吗呀！为什么你不去沏，要让我去！我偏不干！"说完，她将我推出她的房间，一把锁上了门。

我想训她一顿，可是家里有客人；想任由她做，又担心害了她。不知道究竟该怎么办，我很困惑。

青春期的孩子虽然需要依赖父母在经济上的支持，但他们更渴望获得自由，喜欢独立做事，想要脱离大人，恨不得挣脱父母的束缚。具体表现之一就是，不听父母的话，跟父母对着干。

困惑的父母二：

星期天，我收拾屋子的时候，无意中看到了儿子的日记："我爸妈什么都不懂，而且还不允许我借助网络进行学习。如今网络的普及率很高，他们却总是说网络是'毒害'，不让我上网；同学都说我脱离社会了，都瞧不起我，虽然家里有电脑，但我只能偷偷地去网吧；他们还严格控制我和同学玩耍的时间，假期也让我待在家里，说是怕我学坏……其他同学都能跟父母做朋友，而我和父母之间根本就没有'共同语言'，无法聊到一块儿去……"

看完儿子的日记，我心里很不好受，然而儿子说的确实是事实啊！

作为成人的我们，其实只要回忆一下，都会想起自己曾经跟父母出现过的不和谐的情境，比如，父母不了解自己的想法、看不惯自己的言行举止、穿衣打扮等。其实，这就是所谓的代沟。

方法一：不要总是命令孩子

面对孩子，很多父母都觉得自己是长辈，能够命令孩子做事，于是习惯用命令的方式跟孩子说话，话语中免不了"一定""应该""绝对""不能"等字眼。可是，大量事实告诉我们，当孩子听到这些字眼时，神经很容易变得紧张起来，随之头脑就会做出相应的抉择："究竟是按照自己的意愿来，还是按照大人的要求去做？"如果发现自己没有选择余地，必须按照大人的要求做，他们就会抗拒甚至跟大人唱反调。因此，要想让孩子接受大人的管教方式，大人就要改变自己的说话方式，对孩子少一些命令。

用平等的方式跟孩子沟通，会给孩子传递这样一种信号：做事的时候，大人不会强迫他，他可以自己选择；大人会征求他的意见，他可以按照自己的想法做事。如此，不仅可以缓解青春期孩子的焦躁，还能消除亲子之间的隔阂，极大地减少孩子唱反调的可能性。

方法二：主动找些共同语言

青春期孩子都崇尚个性，喜欢流行时尚，崇尚明星偶像。这原本都是很正常的现象，如果不了解这些，父母可能就会觉得孩子张扬、浮躁。当我们用自己旧有的思考模式和教育模式去命令孩子的时候，就会引发更多的矛盾。因此，要想增进亲子关系，父母就要主动找些和孩子的共同话题。

　　大人和孩子之间并不是敌对的关系，只要认真观察，父母就能发现和孩子之间的共同语言。之后，从共同点切入，孩子就会对父母消除成见，放下芥蒂，继而才能与父母成为无所不谈的好朋友。同时，多接触孩子喜欢的东西，父母也会变得充满活力，更有利于"代沟"的消除。

特点五 性意识的萌动与性别角色的深化

无论男孩还是女孩，在青春期都非常关心自己是否被他人接受和欣赏，关心自己是否够帅或够漂亮、能不能引人注意等。他们关注来自异性的评价，憧憬爱情的降临，性意识也开始萌动。对于这些，父母一定要正确认识。

困惑的父母一：

小岚是个15岁的女孩，身材高挑，五官清秀。她的同桌是个长相平平的男生，但学习成绩很好，人缘也不错，吹拉弹唱样样行。他们两个的关系非常好，每天小岚都会跟男孩一起上下学。爸爸听说了这件事后，警告小岚："我告诉你，不许早恋，更不能跟同桌的关系太密切！"小岚是个思想单纯的孩子，听父亲这样一说，虽然心里很不满，可又不敢顶撞。为了让爸爸放心，她便渐渐地不跟同桌说话了。可是，她又觉得自己和同桌之间是单纯的同学情，于是又开始接触。爸爸知道后更生气了，小岚不知道该怎么办了。

面对青春期孩子的情感问题，父母首先要明白这是孩子成长中的必经过程。如果父母过多地责难孩子，会令孩子将自己的想法闷在心底，不肯告诉父母，反而更容易引发更多的问题；如果孩子在面临困惑或受到伤害时，也不敢告诉大人，甚至还可能造成身心更大的伤害。因此，父母要正确地看待孩子的性萌动。

困惑的父母二：

自从上了初中后，女儿丽莎就总想和男生接近。前不久，他们班与隔壁班进行了一次篮球赛。作为班里的活动委员，她直接参与了此次球赛的策划和组织工作。隔壁班有个男生长得英俊潇洒，是篮球队的主力队员，他在球场上的一举一动都深深地吸引了丽莎。丽莎暗自喜欢上了那名男生，上课时无心听讲，总是想着那名男生在球场上的一举一动；下课后，她会不经意地走到男生所在的教室周围，希望那名男生能够注意到她；课外活动时，她总会到球场上看看那名男生是否在打球。一段时间下来，丽莎处处表现得心不在焉的。我虽然发现了异样，但不知道该怎么引导她。

进入青春期之后，性问题往往成为这时期孩子最突出的一个问题。随着孩子身体的发育、第二性特征的出现，孩子都会逐渐意识到两性之间的差异与变化。父母要正确地对待孩子朦胧的性意识，引导孩子正确地跟异性同学交往。

方法一：引导青春期孩子正确地与异性交往

进入青春期后，孩子的性别意识开始增强，他们不仅会关注自己，更会留意异性。他们希望了解异性，希望跟异性同学交往，想要获得异性同学的友谊，这是很正常的一种心理现象，也是孩子成长过程中一种正常表现。作为父母，要有意识地引导孩子与异性同学交往。

青春期的孩子通常都喜欢跟异性接触，渴望跟异性交往，这是孩子美好情感的流露。父母应尊重孩子的这种心境，不要轻易批评和训斥孩子，更不能用恶言恶语玷污他们的情感，要采用正确的方法对他们进行引导。

方法二：面对孩子早恋，打压是最笨的办法

进入青春期，父母在对孩子进行性教育的同时，还要对他们进行适当的性、恋爱、婚姻教育。当发现孩子有早恋苗头时，父母不要惊慌失措，不要觉得孩子学坏了，要对孩子进行正确的引导和帮助。因为在大人眼中的孩子"恋爱"，可能仅仅是一种对异性的倾慕和崇拜。

青春期的孩子，不仅会与同性形成亲密的朋友关系，由于性的

萌动还会对异性进行更多的关注，甚至还会产生恋爱感情。随着这种关注的不断增强，就会对特定的异性萌发爱慕之情。因此，父母不要一看到孩子跟某个异性同学关系好，就怀疑他们早恋；即使真正发生了早恋现象，父母也要通过正确的方法对孩子进行引导。

　　父母要对孩子多一些信赖，以朋友的身份平等地与孩子谈心，帮助他们处理青春期情感波动，鼓励孩子自觉地约束自己的行动和生活。

第二章

不得不说的秘密

——青春期的孩子是典型的矛盾体

矛盾一 心理闭锁 PK 渴求理解

随着自我意识的发展，青春期的孩子就会将注意力集中在自己的内心世界。他们只愿意跟自己的"知心朋友"倾吐秘密，不愿意和喜欢说教的人聊天；他们更不想将心中的秘密告诉长辈，宁可写在日记里。同时，他们更需要别人的理解。青春期的孩子就是这样的矛盾共同体。

困惑的父母一：

儿子过了寒假就要面临中考，可是不知怎么的，假期里他每天不是写作业，就是闷头在手机上玩游戏、聊天，不愿意跟我们说一句话。最过分的是，前两天我和他爸想跟他好好沟通一下，谁知没说几句话，他就顶撞说："我就是不知好歹，怎么了！"

为了防范我们，儿子甚至还在房间门上贴了纸条"请勿打扰"，气得我们无话可说。

青春期是孩子的"心理断乳期"，青春期的孩子希望自己能够独立，希望自己的问题自己解决。因此，即使孩子心中出现了困惑或问题，也不想告诉父母。他们将自己封闭在自己的空间中，如父母对他们刨根问底，或漠不关心，都会引起他们的反抗。面对这种情况，父母应该放下架子，与孩子平等相处，跟孩子做朋友，争取成为他们倾吐心事的对象。

困惑的父母二：

正在读初中的儿子非常喜欢"信息技术"这门课，但我们大人却禁止他玩电脑，只希望他认真做作业、做练习。儿子不满意我们的做法，故意对着干，结果成绩一落千丈。明知这样做不对，但儿子依然我行我素，甚至看到我们大人不舒服、干着急的样子，他就高兴。我们简直被他气得没话说。

青春期的孩子需要父母的理解，父母如果把个人意愿强加给孩子，孩子不仅不会按照父母的吩咐去做，还会采取报复手段，故意和大人对着干。案例中的父母处理方法显然不妥。孩子既然喜欢现代科技，父母就要予以正确的引导和鼓励，不能一概否定和打压。

总之，青春期的孩子就是心理闭锁和渴求理解的矛盾体，要想给孩子正确的引导，就要从这种矛盾中找到契合点。

方法一：父母应尊重孩子的隐私

青春期，孩子的心理和言行都会发生很大变化，比如：别人翻看自己的东西，他们会很反感；他们将自己的秘密写进日记本，但不想被父母翻阅……

从发展心理学角度来看，这种心理和言行的变化，是青春期的孩子心理发展过程中的一种正常现象：他们希望有自己的房间；会买把锁将自己的抽屉锁上；不会轻易说出自己的所想，即使对最亲近的人也是如此。事实上，父母要意识到每个人都有隐私，不要将孩子的隐私当作洪水猛兽，要给他们多一些尊重。

父母冒充他人的QQ号跟孩子聊天，或者偷看孩子的空间日志，是最让孩子忍受不了的事情。如果确实想了解孩子的情况，父母可以主动跟孩子聊天，让孩子说说班里发生的事、同学的情况等。聊得多了，和孩子之间就会少一些隔阂，父母就能够知道孩子的具体想法和困惑了，就没必要再翻孩子的日记了。

作为父母，想随时了解孩子的思想动向本无可厚非，尤其是青春期这个关键期。可是父母首先要尊重孩子，既不要强迫、指责孩子，给孩子一个独立的精神空间；还要多花些时间耐心地与孩子进行沟通，做孩子的倾听者。

相信只要父母愿意花精力去了解孩子的心理需要，愿意跟孩子进行思想、感情、生活体验等方面的沟通，孩子遇到事情也就乐于主动告诉父母了。

方法二：给孩子多一些理解

青春期的孩子需要的是理解和包容。只要父母多给孩子一些微笑和拥抱，少一些指责，孩子就能健康成长。

青春期的孩子对异性的迷恋行为是其成长过程中正常的一部分，既可能给孩子留下一段美好的回忆，也可能给孩子留下伤害或幻想破灭的记忆。对待这种迷恋行为，父母既不要轻易做出评判，也不要肆意嘲讽。

青春期孩子的自我意识开始增强，他们希望得到他人的理解，希望被当成平等的人来对待，需要父母更多的理解。因此，当他们莫名其妙地感到烦躁却无处发泄，发脾气大吼大叫时，要理解他们，不要问为什么，因为他们也不知道自己为什么会这样；当他们的想法与父母有冲突时，要耐心听取他们的想法和建议，帮助他们分析利弊，不要强迫他们接受。

矛盾二 进取心强 PK 自制力弱

青春期的孩子都有积极向上的进取心，这与强烈的求知欲、自尊心和好胜心是分不开的。可是由于年龄的限制，他们思考问题的时候往往考虑不周密，容易带着浓厚的情感色彩去看待周围的人和事，缺乏自制力，因此引导他们处理好进取心和自制力的关系也是父母的一项基本功。

困惑的父母一：

我女儿进入初中后，由于贪玩，成绩一直徘徊在中下游。现在，她正上初三，马上就要面临中考。我想让她收一收自己的性子，努力学习。

听了我的话，她每次也痛下决心不再贪玩了，可是没过两天，又恢复原状，一切照旧。她觉得自己很聪明，只不过比较爱玩，所以成绩稍差一些。她跟我说，自己本来也想好好学，但就是控制不住自己。

她向我寻求解决方法，可是我也不知道怎么做才能帮助女儿。

爱玩是人的天性，青春期的孩子玩起来更会忘记所有或不顾一切，即使是父母牢牢地将其"拴"在身边，也改变不了他们贪玩的本性。青春期还是孩子从精神上脱离父母的心理"断乳"期，来势迅猛，锐不可当。因而，孩子自制力差而进取心强，也是青春期的一大特点。

困惑的父母二：

我儿子今年12岁，但还像个三四岁的小孩一样，每次带他去逛商场时，只要碰到他喜欢的，就要买。如果不给他买，就会跟我发脾气，甚至扭头就走，这让我感到非常苦恼。

一次，儿子在商场看上一款羽绒服，样式不错，但价格很贵，800多元。见我当时没有答应，他扭头就走。我回到家之后，发现他还没回来。当时想着他可能晚一点就回来了，结果他居然去同学家住了一晚上，让我们干着急了一晚上。

幸好他那个同学偷偷地给我们打了电话，让我们稍微放心了一点。然而这种情况总是出现，该怎么办？

其实，之所以会出现这种情况，主要是因为孩子自控力差。倘若不及时改变孩子目前的这种心理，不培养孩子的自控意识，他们的这种行为就会变本加厉，甚至会影响日后的正常生活。

方法一：循序渐进地培养孩子

自制力是一种自我克制的能力，其优劣决定着一个人的心理品位、健康状况、智能的发挥程度。人的自制力虽然带有先天性，但后天的影响、教育、自身修养更为重要。

自制力的培养跟其他能力的培养一样，往往是越早越好。倘若青春期孩子自制力差，父母在教育和培养时就要遵循循序渐进的原则，要多一些耐心与细心。

对于青春期的孩子来说，只有懂得克制自己的行为，让孩子具有良好的自我控制能力，将来才能把握自己的生活，创立成功的事业。

方法二：提高孩子的规划力

从本质上来说，自控是一种心理素质，比如，在同一环境和条件下，有些孩子就能很好地克制自己，而有些孩子却不能。因此，要想提高孩子的自制力和进取心，就要提高孩子的规划力，让孩子按照规划来做事。

规划，是一个人行事的约束力。一旦为自己的日常生活和学习制订了计划，并坚持执行，孩子就会严格要求自己，努力完成，就会有意识地克服惰性，努力实现目标；然后，由日常小事扩大到对社会道德、社会责任感的强化。从这个意义来说，规划力是孩子自制力形成的一个重要前提。因此，要想提高孩子的自制力，就要引导他们学会做规划，并努力实践。

矛盾三 信息视野的扩大 PK 鉴别能力不足

随着时代的发展，信息交流的速度逐渐加快，广播、电影、电视、视频等视听工具被广泛应用。处在这样的环境中，孩子自然会变得见多识广，视野开阔。我们知道，青春期是孩子的世界观、人生观形成的重要时期，对真善美、假恶丑的辨别力也在逐渐形成，对事物的认识很容易出现偏狭，容易被表面现象所迷惑，出现认知的混乱。因此，这个阶段父母要引导孩子处理好信息视野扩大和鉴别能力不足的矛盾。

困惑的父母一：

自从女儿上了初中后，她就开始追赶潮流，卧室的墙上张贴的都是某影视男星的画报，还喜欢上了个性时装。每到周末，女儿总会跟我要钱，不是买名牌衣服，就是买偶像的东西。我并不反对她穿牌子衣服，但是看到她买另类服装时，我表示反对。后来，我就不再给她钱了。女儿很生气，跟我理论："我就是喜欢这类衣服。我们同学都穿，怎么人家的爸妈就不说，就你说我！"我也知道青春期的孩子喜欢追赶潮流，可是太过个性的东西我还是接受不了。看到女儿跟我的关系越来越淡，我都不知道怎么办了！

青春期的孩子固然都喜欢追求时尚，但是只顾着追赶潮流，而不管某些潮流是否适合自己，就是错误的。如此，不仅无法让孩子变得更得体，还会让人觉得他们太过异类，很难与人相处。父母要引导孩子树立正确的审美观，帮助他们选择适合自身外形、气质和性格的衣服来打扮自己。

困惑的父母二：

看到孩子喜欢非主流的东西，比如，染红头发，穿带破洞的牛仔裤等，我感到非常头疼。可是，孩子也感到万分委屈。他说这样很个性，他想成为大家眼中的"时尚达人""潮流人士"。他这样做的目的并不是要惹怒父母，而是为了证明自己也是"时尚达人"。听了孩子的话，我也表示理解，但是我该怎么应对这种情况呢？

青春期的孩子之所以要追求个性，通常都是为了满足自己的心理需求。这时候，他们更渴望融入同龄人的团体，但又怕被团体成员讨厌和抛弃；他们判断能力差，容易在外界环境的影响下迷失自己，因此，父母的一个重要作用就是引导他们自己提高对各类现象的鉴别能力。

方法一：转移孩子不正确的审美视线

审美品位最能反映一个人的气质。孩子的审美品位越高，个人气质也就越好，因此要想提高孩子的鉴别能力，就要主动培养并提升孩子的审美层次。

青春期孩子的认知能力、鉴别能力都不强，很容易形成错误的审美观，比如，孩子认为个性、前卫的东西就是好的、美的，夸张的妆就是漂亮的等。对于孩子的这种错误认知，父母不要粗暴地进行干涉和批评，可以转移他们不好的审美价值观，引导他们树立正确的审美观，从根本上改变孩子随意效仿他人的行为。

方法二：忽视个性，给孩子正确的引导

青春期的孩子和父母的审美观不一样。很多孩子认为，染头发、剪个性发型、打耳洞、穿破洞、肥大的牛仔裤等都是"酷""潮"的表现，都很个性。这时候，父母要给孩子正确的引导，引导他们正确地认识个性。

矛盾四 乐于助人 PK 道德水准不高

如今，很多青春期的孩子都会积极主动地为社会、学校、班级做好事，还会积极为他人做好事：当他人遇到困难时，他们会主动提供帮助；他人家里遇到不幸时，他们还会自觉地捐款、捐物。同样的，有些孩子的道德水准不够高，如喜欢偷窃、斗殴、作弊等。这样，青春期的孩子就形成了助人行为与道德水准不高的矛盾。因此，父母就要引导孩子处理好二者的关系。

困惑的父母一：

我儿子小明从小就不喜欢学习，初三毕业后就进入了社会，跟着几个朋友做点小生意。一天晚上，小明和朋友们在一家大排档吃饭，聊得热火朝天，影响了邻座的几个社会青年。一个高个子男生走过来，让他们小声点。可是，小明他们年轻气盛，觉得人家是故意为难他们，便拿起酒瓶朝着对方的头砸过去。顷刻间，两伙人便打起来了。幸亏没酿成大祸，我跟他说过很多次，让他不要这样，可是他不听。我知道，儿子并不坏，但如何让他正确地对待自己的行为呢？

青春期的很多男孩都觉得男子汉大丈夫就应该讲哥们儿义气，就要跟朋友肝胆相照。所以，为了朋友，他们往往会反抗父母和老师，可以为朋友出头。但是，为了帮助哥们儿，就帮他们打架斗殴，这是违法行为，并不是真的义气。对于这一点，父母一定要告诉他们。

困惑的父母二：

小田和小民是好朋友，两人生日只差一天，从幼儿园、小学、初中到高中，两人都是同学，关系非常铁。升入高中后，他们还被安排成了前后桌。一次英语单元考试，小民有一道题的答案不确定，就捅了一下小田。小田马上心领神会，立刻将自己的卷子立起来给小民看。结果，老师抓个正着，问他们在干什么。小民胆子小不敢说话，小田将责任揽下来，说是自己问小民答案。结果，小田那次考试成绩作废。

青春期的孩子都很重视朋友，甚至喜欢将责任单独揽过来，会主动替朋友承担错误。他们不忍心看到朋友受惩罚，为了消除难

过的情绪，就会主动承担责任。这里需要说的是，我们固然要鼓励
孩子乐于助人，可是也要分情况，帮朋友掩盖错误，朋友就得不到
应有的惩罚，没办法从中吸取经验教训，以后可能就会犯更大的错
误。因此，这种行为不是在帮助朋友，而是会害了对方。

方法一：告诉孩子什么是真正的朋友

孩子之间的朋友义气思维，在一定程度上，取决于家庭环境。
青春期的孩子自我意识正在逐渐形成，独立判断能力不强，因而有
严重的从众心理。为了在心理上得到伙伴的认同，他们就会将"义
气""够哥们"等词挂在嘴边，但多半都不知道什么是真正的"义
气"。帮助朋友打架并不是"义气"和"够哥们"的表现，父母要
告诉导孩子真正的朋友是什么。

青春期，为了显示自己乐于助人的精神，有些孩子就会为了仗
义和友情的原因去打架，不仅是男孩，很多女孩也会如此。

可是，很多时候朋友之间不问原因"出手相救"的行为，不仅
无法维护朋友的情意，还会伤害到他人。因此，父母一定要告诉孩
子：只有伸张正义的行为才是真正的帮助他人，反之则会让对方陷
入被动。

为报仇而打架本身就不正确，即使打赢了对方，也谈不上"义
气"，更不能被称为英雄。一旦孩子将"正义"牢记在心，就不会
莽撞地以英雄情结的名义做出错事和傻事了。

方法二：让孩子懂得分辨益友和损友

青春期的孩子很多不懂分辨益友和损友，很容易加入"不良团队"。当团队中的成员发生了事情或受了委屈的时候，一旦孩子出手帮助或报仇，就会引发恶性事件。因此，为了减少这种事件的发生，就要让孩子正确地认识朋友，让他们学会分辨益友和损友。

矛盾五 成才欲望 PK 厌学心理

　　青春期的孩子一般都对未来充满了美好的幻想，希望能通过自己的努力取得好成绩，能干一番大事业；多数孩子都不想辜负老师、家长、朋友的期望。但面对众多的学习科目和作业，他们又会觉得压力大、负担重、学习苦，无法持之以恒，这样就容易出现厌学心理，从而出现想学与厌学的心理矛盾。因此，父母一定要引导他们处理好成才欲望和厌学心理的矛盾。

　　困惑的父母一：

　　儿子小关小学阶段成绩不错，不仅妈妈觉得脸上有光，连老师也很喜欢他。靠着不错的成绩，小关顺利考进了市重点中学。升入初中后，随着学习科目增多、难度加大，环境也发生了改变，小关学习有些吃力。第一次期中考试他的英语成绩不及格，小关感到压力很大，变得不爱说话，沉默寡言。我们大人的工作都很忙，根本就没有时间照顾他，除了一日三餐之外，并没有督促他的学习。结果，儿子小关的心事越来越重，上个星期天居然痛哭流涕地说不想上学了。这时，我们才发现了问题的严重性，该怎么引导他呢？

对于青春期的孩子来说，厌学是诸多学习障碍中最普遍、最具危险性的问题，是最为常见的学习障碍之一。调查显示，学生厌学的比例相当大，尤其是青春期的孩子，有厌学情绪的占总数的15%以上。父母的责任就是要将孩子从厌学的情绪中引导出来，让他们爱上学习。

困惑的父母二：

最近一段时间不知道怎么回事，孩子每天早上起来都说自己头疼，一头疼就说不想上学。连续一个星期都这样，我便替他跟老师请了假，暂时在家里休息。并且我还带孩子到医院做了检查，花了很多钱，就是找不出原因。最后，我的一个朋友建议我带孩子去看青春期心理门诊。我抱着半信半疑的态度，找到了一家心理门诊。一位五十多岁的老专家对孩子做了心理测试，结果显示孩子患了厌学症。听到这个消息，我有点不敢相信，同时也感到很痛心。我该怎么办？

青春期的很多孩子都会出现厌学症状，如失眠、头痛、头晕、睡眠障碍、胸痛、胸部憋闷、腹痛等，严重者甚至还会伴有乏力、心慌、心悸、恶心呕吐等症状。因此，父母一定要多注意孩子的身体状况，只有及时发现孩子身上出现的问题，才能及早处理。

方法一：让孩子体验到学习的成就感

很多时候，青春期的孩子之所以会产生厌学情绪，一个重要的原因是孩子无法体验到学习的成就感。我们知道，成就感是驱使一个人做某件事的动力，因此要想帮助孩子克服厌学情绪，就要努力让他们体验到学习的成就感，引导他们爱上学习。

关于孩子的学习，很多父母都有一种误解，认为孩子是因为厌学才学习不好的。其实不然！最核心的原因在于他们在学习上找不到成就感。如今虽然我们都提倡快乐学习，可是事实上有相当一部分的孩子学习起来并不快乐，甚至可以说比较枯燥和乏味，需要记忆很多单词，需要背诵很多定义定理，需要参加众多的测验和考试……如果孩子无法在学习中找到成就感，慢慢地就会对学习产生厌倦感。因此，要想让孩子提高对学习的兴趣，就要引导他们体验学习带给他们的成就感。

方法二：少给孩子制造压力

通常，很多青春期孩子产生的厌学情绪都是家庭教育的失误造成的。比如，有些父母过多地给孩子施加学习压力，有些父母总是用批评、斥责、打骂等方式来惩罚孩子的错误，有些父母过多地关心孩子的学习成绩而忽略了他们内心的感受，有些父母给正在上初中或高中的孩子设定不切实际的目标等。所有这些都会给孩子造成很大的压力，直接或间接地导致他们厌学情绪的出现。因此，要想减少孩子的厌学情绪，就要适当地给孩子减减压。

面对父母的高目标，面对老师的殷切希望，孩子更容易产生厌学情绪。所以，要想改变孩子的厌学情绪，就要给他们减压，降低对他们的期待，让他们放松下来享受学习，才能不断地超越自己。

第三章

尊重孩子的独立性

——孩子是独立的个体，请给予"允许"和"尊重"

尊重一 不要拿大人的权威压制孩子

　　青春期的孩子，虽然生理上逐渐发育成熟，越来越接近成人的样子，但是心理上还非常幼稚。他们想自己做主，想标榜自己的与众不同，想穿个性衣服、穿耳洞、戴耳环……他们内心张力十足，不怕任何阻拦他们的人和物！这时候，如果大人不了解孩子的这种心理，用权威来压制他们，他们就会跟大人对抗，产生反抗情绪。因此，为了尊重并提高孩子的独立意识，父母就不要拿大人的权威来压制孩子。

　　困惑的父母一：

　　为了不让儿子犯错，从小我们就管得很严。如今即使已经15岁了，但不管他做任何事，我们都会给他做出一些提示，所有的行为都要按照我们的要求来；一旦儿子不听话，我们就会拿出家长的权威来压制他。

可是有一天，我居然在儿子的日记中看到这样一段话：

"父母虽然是长辈，就能用长辈的身份压制我？我已经长大了，已经不是幼儿园的小孩子了，我有脑子，知道哪些事情可以做、哪些事情不能做。即使他们不提醒我，我也能分清。我就是不满他们的'提醒'，难道没他们提醒，我就不活了？他们什么时候才能平等地对待我？"

看完之后，我感到了孩子的不满，可是依然担心自己做得不够。那么，该如何跟孩子进行沟通呢？如何才能让他感受到我们大人的关爱呢？

用父母的权威来压制青春期的孩子，只能引起孩子的反抗，有时候即使他们照做了，大多也是心不甘情不愿的。其实，只要父母换种方式，这种情况就会大为改观。比如，父母可以这样说："你觉得这样怎么样？"这样，当孩子觉得我们将他当作成人来平等看待的时候，他们就会主动地完成我们交代的事情。这就告诉我们：面对青春期的孩子，用父母的权威压制，是无法取得良好的教育效果的。

困惑的父母二：

儿子小丁和同学小于关系不错。每天放学后，他就会到小于家里写作业。男孩凑在一起免不了调皮捣蛋，我担心他们凑到一起会惹事，更担心他们会将小于的家里折腾得不成样子，引起小于父母的反感。认真考虑后，我决定给小于的父母打个电话沟通一下时，谁知他父母先给我打来了电话，说我儿子很懂事，不但帮忙收拾屋子，还帮小于的爸爸修理电器。这真是太不可思议了。

案例中小丁的妈妈并没有告诉小丁到同学家应该怎么做，但是小丁已经从日常生活中形成了自己的一种独立思维模式，并把它运用到了人际交往中。试想如果父母在日常生活中总是命令孩子去做某些事，一旦到了别人家，如果没有父母的"命令"，他们往往也不会主动帮忙做事，也不会如此守规矩。

方法一：跟孩子保持同等的位置

青春期的孩子不会再像三四岁的小孩那样对父母言听计从，他们已经萌生一定的成人意识；而且随着身体的发育、思想的渐渐成熟，他们也会在不知不觉中变成小帅哥、小美女。因此，要想跟孩子平等对话，就要跟他们站在同等的位置，多跟孩子进行平等的交流。这样做，孩子就会少一些叛逆和委屈。得到尊重、平等和理解后，孩子也会学着去平等地对待、理解和尊重别人。相反，总是俯视孩子，让孩子仰视大人，只会让亲子关系变得不和谐。只有站在同等的位置，才是最省力的，效果也才是最好的。

方法二：跟孩子多些协商，少些命令

如果青春期的孩子与父母出现意见分歧，那就需要父母与孩子平等地沟通、协商。在与孩子协商时，父母要有技巧性地征询孩子的意见，提出孩子能够给出答案的开放性问题，比如，"你是怎么想的呢""接下来你打算怎么做"。这样能让孩子说出心中最真切的想法，之后父母就可以给孩子提出最合理的建议，但最终的决定权要视情况而定，能交给孩子决定的，就要尽量交给孩子。

尊重二 允许孩子有自己的私人空间

　　每个成人都渴望自由，想拥有一定的私人空间，以便来缓解压力和独处。青春期的孩子也一样。在日常的学习和生活中，孩子也渴望得到一定的自由和私人空间。进入青春期后，孩子心中会有一些小秘密，他们的情绪也会波动，更想自己独处。因此允许孩子有自己的私人空间是必要的，不要胡乱打扰他们。

　　困惑的父母一：

　　周末，女儿小卢不想写作业，想痛快地玩一会儿。我同意了。因为作为一个母亲，我知道一个星期的紧张学习已经让女儿筋疲力尽了。当然，我还有个小私心，就是想看看女儿这几天的学习状况——检查一下她的作业。

　　两个小时后，女儿开心地回家了。她发现我翻过她的书包，问："妈，你是不是看过我的信了？笔友写给我的！"

我停下手里的活儿，说："看过了。我也是关心你！前两天你们班主任给我来电话，说你最近总会收到快递，我想知道你在干什么，没其他意思！"

结果，她却说："偷看别人的信件是犯法的！"我为自己辩解，但她不听。结果，连续三天了，她都不跟我说话。我也感到很郁闷。

父母多半窥探孩子的隐私，目的基本上都是为了孩子好，想了解孩子的内心。毕竟青春期的孩子思想还不成熟，涉世不深，经验不足，做事容易走极端。但是上述案例中的这种偷窥孩子隐私的行为，不仅会伤害孩子的自尊心，还会让孩子不再信任父母。因此，父母要知道孩子有自己的私人空间，父母不要不经他们的同意就涉足进去。

困惑的父母二：

今天，我在网上浏览网页的时候，看到14岁女儿的一篇网络日志："我一直都有写日记的习惯，每次写完日记，都把日记本放到自己的抽屉里，然后再把抽屉锁起来。前几天，我打开抽屉去拿日记本时，发现日记本明显被人动过，我当时就明白是怎么回事了。我非常气愤地对妈妈说：'你为什么偷看我的日记？这是侵犯我的隐私！'可妈妈竟然装作不知道的样子，说：'你的抽屉不是上锁了吗？我又没有钥匙，怎么会偷看你的日记呢？'看到妈妈不承认，我气恼地说："看了就是看了！'"

现在的孩子都是怎么了，我承认确实偷看了女儿的日记，可是我这么做不是为了更多地了解她吗？

案例中的这位妈妈没经过孩子的允许就随意打开她的日记本，偷看里面的内容，被孩子发现后就引发了信任危机。父母一定要记住，孩子不是我们的私有财产，应该尊重他们的一切，当然也包括他们的隐私。

方法一：不要随意窥探青春期孩子的隐私

青春期的很多孩子往往都拥有一个带锁的笔记本，记录下生活的点滴。为了更多地了解孩子，有些父母就会偷窥孩子的日记本。其实，孩子将抽屉或日记本上锁，并不代表他们一定有什么见不得人的秘密，只不过他们有了独立意识和自尊意识，想要留有自我空间而已。如果发现孩子确实有什么难言之隐，父母完全可以直接去问孩子。这么做跟窥探孩子的隐私相比，反而更能让孩子接受。

方法二：尊重孩子的隐私

孔子说过："己所不欲，勿施于人。"因此，如果父母真的懂得孩子也需要自己的隐私这个道理，就更应该尊重孩子的隐私了。

　　在青春期，父母要给孩子足够的尊重。如果孩子不愿意将自己的隐私直接告诉父母，父母也不要思虑太多，更不要随意翻看孩子的书包或日记本。毕竟每个人都有不想被他人知道的隐私，孩子也是如此。父母要尊重孩子的隐私，比如，不要故意探听孩子与伙伴之间的谈话，要给孩子充分的信任与空间；不要不经孩子的同意就随意进出孩子的房间；如果想翻看孩子的东西，最好先得到他们的同意。

尊重三 他不希望你靠近时，请保持距离

青春期的孩子已经有了独立的思想，对于他们发表的正确意见或观点，父母要给予尊重；遇到问题的时候，要多跟他们商量，逐渐将权力下放给他们。有时候，即使亲子关系已经十分密切了，也不能跟孩子靠得太近。一旦发现孩子对父母过于积极主动和殷勤的靠近表现出抗拒，就要主动离开，跟他们保持适当的距离。

困惑的父母一：

晚上，我去叫女儿吃饭，结果一推门，发现她的房间居然是反锁的。我气坏了，一边用力敲门，一边大喊："出来吃饭！动不动就锁门，有什么事情是见不得人的？"

女儿打开门，阴着脸，冲着我说："妈，我锁门是我的个人权利，你管不着吧？没什么见不得人的事，就不能锁门了吗？"女儿的话令我哑口无言。

现在的孩子都怎么了？怎么总是得理不饶人？

青春期的孩子都想拥有自己的空间，如果父母过于黏着孩子，追求亲子的亲密接触，会让孩子产生一种防卫心理。亲子本身就是一对矛盾体，当父母试图进入孩子的心理可接受范围之内时，孩子很容易产生反感，即使父母和孩子的关系再好，也要注意这一点。

困惑的父母二：

儿子小彭今年13岁，读初二，学习成绩不错，生活等方面还算让我们省心。但最近我发现，他似乎不是以前我眼中的那个儿子了。儿子做什么事，都不再跟我商量，也不让我过问。

某个周末，吃过早饭，他换了一身衣服，收拾了一下小背包，准备出门。我看到这个情景，问他打算去哪儿时，他却嫌我烦。我愣住了，只能目送儿子出了门。

进入青春期后，孩子的自我意识会逐渐增强，独立性也会得到进一步体现。他们想自己去做自己的事，不希望大人过多参与，不喜欢大人过度关心自己，否则孩子会更加抗拒。他们不想被动地听从父母的教诲和安排，总想摆脱父母的监督和约束。这是青春期孩子的必然现象，也是孩子成长必然要经历的一个过程。因此，跟孩子之间保持适当的距离很有必要。

方法一：给孩子创造独立的空间

前面说过，青春期的孩子更渴望拥有独立的生活空间，喜欢在自己自由支配的时间里做自己喜欢的事，喜欢在自己喜欢的空间里浮想联翩。父母如果依然像对待小孩子那样对待他们，或者过多地干涉或插手他们的事情，反而不利于亲子关系的和谐。因此，要想跟孩子保持合适的距离，首先就要给孩子创造一个独立的空间。

方法二：培养孩子的独立性

如果孩子的依赖性太强，事事都需要父母的帮助，那么他们的独立性就没法得到提高。因此，要想跟孩子保持一定的距离，首先就要培养孩子的独立性，让孩子自己的事情自己做，让他们减少对父母的依赖。

尊重四 给孩子体验的权利，不怕孩子走弯路

青春期的孩子大脑正处于额叶重塑期，大脑突触太多，无法进行复杂的思考，不能将种种事情联系起来，因此，父母很难与孩子进行理性的交流。通常只有经过体验，才能获得最佳的感受，因此父母要给孩子体验的权利。

困惑的父母一：

我儿子晓智正在上初三，喜欢赶时髦。有一次，我到附近商场购物时，看到晓智正和几个小伙伴在逛街。晓智穿着一件黑色的大T恤衫，上面印着几个大大的韩文，特别显眼。另外两个男孩的打扮更加引人注目——一个头发呈整齐的锯齿状，且染成金黄色；另一个则是长发披肩，裤兜上还挂着银色挂件。看到这些孩子的装扮，我气不打一处来，上去就劈头盖脸地骂了儿子一顿。结果，儿子当天居然没回来。第二天早上，当我在同学家找到他时，他扬言

说如果我以后不给他面子，他就再也不回家了。他还觉得有我这样
的妈妈很倒霉。我也很生气，不就是不让他穿得太另类吗？

　　其实，晓智的装扮完全是一种从众行为。看到同龄人加入时尚
潮流大军，孩子自然也会跃跃欲试。如果他不参与，反而可能会被
同伴视为异类。而且，具体穿上这类衣服好不好，只有经过体验才
能感受到；仅靠大人的一面之词，孩子是很难信服的。最后，切记
一点：孩子需要体验，需要经历。只有实际体验了，才能知道好不
好，才能知道某些风格适不适合自己。

　　困惑的父母二：

　　我女儿今年13岁。虽然也像其他同学一样努力学习，但她成绩
一直没有明显的提高。她不喜欢说话，整天都一个人独来独往，没
有什么朋友。我知道，女儿之所以会变成这样，跟我的教育方式有
着莫大关系。每次她考不好时，我都会对她一顿臭骂；当她有了某
些想法时，我也不让她说；就连在周末和节假日，我也会逼迫她在
家里学习。让我没想到的是，女儿对我积攒了很多的怨气，前几天
居然跟我大吵一架，离家出走了。后来，在亲朋好友的帮助下，我
才找到了她。唉！怎么办？

　　如今，很多父母都喜欢用自己的准则和做事方式去监督和约

束孩子的行为，希望借此纠正他们的错误，提高他们的能力。但是，很多青春期的孩子都认为，父母的这种行为很"强权"、很"霸道"，根本无法纠正他们的错误，而是对孩子的变相惩罚，会让他们失去自尊、自由和自信。

孩子需要体验，更需要获得体验的权利，这一点父母一定要重视起来。

方法一：允许孩子体验潮流

青春期的孩子通常都喜欢追随潮流，他们有思想、有朝气、有活力，对此父母不必完全限制。毕竟不同时代，孩子的追求有所不同；不同年龄段，孩子的追求也不同。青春期的很多孩子都喜欢追随潮流，但过了这个阶段，他们就未必如此了。对潮流的追赶和体验，是青春期的孩子都要经历的一个阶段。这时候如果父母给孩子过多的限制，就使孩子少了许多快乐和自由，势必会引起他们的反抗。因此父母的正确态度是允许孩子适度体验潮流。

方法二：让孩子体验犯错误的后果

青春期的孩子一般都会对社会认识不深刻，在成长的道路中难免会犯错、走弯路，因此，父母在教育青春期孩子时，还要让孩子自己去体验犯错的后果。因为知道了这样做的后果，孩子可以少犯错，并积累经验。

尊重五 用欣赏的眼光看待他的各种尝试

进入青春期，孩子就开始变得叛逆起来。这一阶段的孩子都存在反抗"管教"和"权威"的心理，急切地想证明自己存在的价值和独特性。他们自尊心很强，十分敏感，总会将家长、老师的批评理解为对其自尊心的挑战，是大人故意跟自己过不去。相反的，如果父母能用欣赏的眼光看待他们的各种尝试，他们就容易改正错误。

困惑的父母一：

小黎之前成绩一直很优秀，可是到了初一下学期，成绩迅速下滑。原因就在于她变得爱打扮了，每天早晨上学前都要在镜子前待上10多分钟，往脸上涂抹化妆品。早晨时间本来就比较紧，可小黎在打扮上花费了不少时间，一丝不苟地刷牙、洗脸、梳头……放学后也是如此。她一进家门就钻进洗手间照镜子，直到我喊她吃饭。

为此，我说过她很多次，可她总是以一句"你烦不烦啊"来回应我。面对突然爱打扮的女儿，我真不知道该怎么引导？

青春期的孩子，无论是男孩还是女孩，他们都比较爱打扮，这是一种很正常的行为。大多数孩子在这个阶段都比较爱美，因为他们想引起别人的注意，想让别人多留意自己、多在乎自己。因此，父母不仅要理解孩子的这种行为，还要用欣赏的眼光来看待他们，而非贬低、训斥他们。

困惑的父母二：

儿子小新的学习成绩在班里处于中下游，并没有给老师和同学留下什么印象。可是，自从他走上"达人"之路之后，大家都记住了他。他觉得自己被同学记住和议论是一件特别骄傲的事，于是为了成为大家眼中的"时尚达人"，他不停地变换造型。我不满意儿子的表现，头发像鸡窝，衣服像乞丐等，指责了他几次，但是儿子感到很委屈，觉得我不理解他、不懂得欣赏他。我应该如何来引导他呢？

对于这类孩子，父母不能单纯地依靠说教和批评来迫使他们做出改变，要找到孩子产生这种行为的心理原因，然后从根源上解决问题。

方法一：认同孩子的个性，不要妄加指责

一旦发现孩子做了某些让大人不理解的事情，父母要尽量少些指责，引导孩子放弃对"个性"的推崇。

面对叛逆的孩子，越指责和阻止他们的个性行为，他们越会跟父母对着干。所以，父母要想用欣赏的眼光看待孩子，首先就要认同他们的个性，其次再进行积极的引导。

方法二：不要把自己的意愿强加在孩子身上

孩子是独立的个体，他们有自己的思想，有自己的性格、习惯和爱好，因而只要不是大是大非的问题，父母就不要强迫孩子。尤其是孩子处在青春期时，父母更不要将自己的意愿强加给他们。

第四章

正视孩子的叛逆心理

——孩子那些令人匪夷所思的行为，只证明他长大了

表现一 "你凭什么管我"

　　进入青春期，很多父母都会发现原来那个乖巧、可爱的孩子不见了，出现在自己眼前的是一个喜怒无常、情绪多变的孩子，动不动就跟父母闹别扭。甚至有些父母还会发现，自己原来那个懂礼貌的孩子竟然动不动就吐脏字、说脏话，不愿意让父母管教自己。其实，这也是青春期孩子叛逆心理的一大表现，父母只要正确对待，完全可以将孩子引入正途。

　　困惑的父母一：

　　女儿小雨幼儿时期跟我最亲近。每天都会跟在我的屁股后边，就像一条小尾巴，甩都甩不掉。但是自从小雨升入六年级后，不仅不喜欢跟我待在一起，还总是跟我顶嘴，不服管教，嫌我多管闲事。让我无法忍受的是，她的脾气变得非常暴躁，有几次甚至跟我争执后直接摔门而去。

前些天，小雨不知道从哪里学了脏话，一张嘴就会蹦出几个脏字。为了让女儿改掉这些不良习性，我苦口婆心地劝她。可是她根本听不进去，当时甚至还不耐烦地对我说："真烦！"我很生气，狠狠地骂了她一顿，结果她大喊大叫："你凭什么管我！"

不喜欢被父母管教，是青春期孩子的一个典型特征。他们渴望摆脱父母的"束缚"，渴望自己的事情自己做、自己管自己。面对父母的管教，他们会觉得父母多管闲事，从而心生抵触情绪。这些都是青春期孩子身上出现的典型特征，因此，父母要了解孩子的心理和表现，做到正确对待。

困惑的父母二：

小哲上小学时很听话，父母让干什么从来都乖乖去做，学习很好，性格温和，几乎不用父母操心。就连亲戚都羡慕不已。

可是情况在小哲上初中后发生了逆转，小哲似乎一夜之间性情大变，不再乖乖听话，而且似乎有意和父母对着干。比如，他在看电视，妈妈让他去写作业时，以前他就会关电视去写作业，可是现在他表现得无动于衷，非要看完了电视节目才去。

当他看完电视准备去写作业时，妈妈把饭做好了，让他先吃饭再写作业，说要不饭就凉了。可是小哲不管这些，头也不回地进房间写作业去了。无论妈妈怎么劝他吃饭，他都始终坚持自己的意见。

诸如此类的事情几乎每天都会发生。父母觉得小哲越来越不听话了，小哲也不知道自己是怎么了，就是想按照自己的想法来，不想再听父母的话了。

不想让父母管，是青春期孩子的行为特点。进入青春期，孩子虽然依然要依赖父母在经济上的支持与照顾，行为管理上的敦促与约束，但他们更加渴望自由，不喜欢约束，想独立自主，为了摆脱父母的束缚，他们就会跟父母作对。

方法一：理解、尊重孩子，减少批评、指责和唠叨

事实上，很多父母由于看不惯青春期孩子的叛逆，没完没了地对孩子唠叨、指责、打骂，反而更容易激起他们更强烈的反抗。其实，青春期的孩子也懂得是非对错，只是青春期生理和心理的巨变让他们控制不住自己。

因此，如果父母看到孩子总是顶撞自己，就要学会尊重的孩子的心理发展特点，少一些唠叨和指责。父母如果对他们多一些理解和宽容，他们反而更会约束自己的行为。

方法二：理解孩子，而不是训斥孩子

要想跟青春期的孩子友好地相处，父母就要理解孩子，不要动

不动就训斥孩子。进入青春期后，孩子的思想和人际关系都会发生一定的变化，面对诸多的变化他们会感到困惑，甚至因此做一些错事，如看不惯父母的多管闲事。这时，父母要以朋友的身份开导他们，帮助他们处理事情，千万不要胡乱训斥孩子，否则只能激起他们强烈的逆反心理。

心理学家研究表明，人在满足了基本的生理需求以后，人性中最本质的需求就是渴望得到他人的理解和赞赏。对孩子来说更是如此，成功的体验远比失败的体验重要得多。所以，给予孩子正向式的理解和赞赏，比一味地训斥孩子更有用。

表现二 "跟你说，你也不懂"

进入青春期以后，孩子的自我意识会获得全面发展，从行为表现到思想人格方面都会有独立的要求。他们生理发育迅速，智力发展活跃，情绪发展多变，个性发展可塑性强，心理是半成熟半幼稚、半服从半逆反、半独立半依赖、半闭锁半开放的，很容易在行为上出现矛盾和冲突。他们不愿意跟父母沟通，因为觉得父母不理解自己、不懂自己。真是这样吗？

困惑的父母一：

这天，看到女儿小环的心情不错，我故意找话题说："小环，最近学习怎么样啊？"

小环简单地回答："还那样。"

想到上周的朗读比赛，我接着问女儿："朗诵比赛结果出来了？"

"出来了。我什么奖也没有得到。"小环转过身，拿了本书，看样子不愿意多说。

我知道小环喜爱朗诵，没有得奖，心里肯定不高兴，便关心地说："不要太往心里去，下次继续努力就是了！"

"知道了。"说完，小环就直接回自己房间了，不愿和我继续聊天了。

看到自己的一腔热情被女儿泼了冷水，我说："再努力一下，下次肯定能得奖。"

可是，女儿对我的鼓励不以为意，说："有什么可说的，跟你说了，你也不懂！"

为什么很多孩子都觉得父母不懂自己，他们认为自己有满肚子话，但无处说？从心理学角度来说，之所以会出现这种情景，是因为青春期的孩子承受着很多压力，他们想发泄这种压力，但是又不好意思找父母，宁愿把压力埋在心里或把"心事"跟朋友倾诉。

困惑的父母二：

最近，14岁的女儿和我闹得很厉害，我们两人就像仇人似的整天吵架。女儿以前一直很听话，自从进入青春期，她便将更多的时间放在了网络聊天和看言情小说上，学习成绩跌落一大截，脾气也变得暴躁起来。我本来是大家公认的好脾气，可是自从过了40岁，我总会莫名其妙地对家人发脾气。尤其是面对上初中的女儿，似乎女儿做什么事情在我眼睛里都是错的。因此，只要我们两人见面，就会"针尖对麦芒"，搞得家里鸡飞狗跳。我也想跟女儿好好聊聊，想帮女儿解决问题，可是女儿却嗤之以鼻，总是跟我说："你懂什么？"

青春期的孩子之所以不愿意跟大人聊天，一个重要原因就是大部分孩子确实无法从父母那里得到有益的帮助，用他们的话来说就是"说了，也白说！"既然如此，孩子自然就不愿多说了。

方法一：跟上孩子的节拍

在很多父母看来，学习是青春期孩子最重大的一件事。因此，这些父母每天与孩子交流的话题全是围绕着学习、成绩唠叨个没完，完全忽视了孩子的情感等需求。时间一长，孩子和父母之间也就没有了共同话题，自然就无法顺畅地沟通和交流了。因此，要想让孩子愿意和大人沟通，大人就要跟上孩子的成长节拍。

值得一提的是，父母还可以把自己放在与孩子"闺密"同等的位置上，从生活中的点滴细节来跟孩子做沟通。比如，当喜欢唱歌的孩子在周末想看歌唱类节目时，不要跟他抢频道；当孩子取得一次小成功时，不要忘记给他一个鼓励的掌声；当孩子受到挫折时，要给他一个温暖的拥抱……

方法二：和青春期孩子说说心里话

家有青春期孩子的妈妈们一般都正在步入更年期，很容易莫名其妙地暴躁，看到孩子不上进、不听话或者某些事情做得令自己不满意时，就会忍不住对孩子进行训斥。青春期的孩子本身就火气大，加上独立意识增强，根本听不进父母的唠叨、批评和不满，自然就会拒绝和父母沟通。因此，父母要想让孩子多说话，就要平时多跟他们说点心里话。

表现三 "我只是谈个恋爱，又不是结婚"

青春期是孩子精力特别旺盛的时期，是长身体、学知识的大好时期。可是，随着孩子第二性特征的逐渐形成，生理变化引起了性心理的微妙变化。加上个别孩子的攀比心理和叛逆心理，于是早恋偏悄然滋生了。

困惑的父母一：

我儿子今年14岁，上初中二年级。过去他最多跟我顶顶嘴，如今有事没事就给我脸色看，好像我欠他的一样。一个星期前，我给他收拾房间时，在他枕头底下发现一张纸条，看了之后，吓我一跳。上面写满了一个女孩的名字，还写着大大的三个字"我爱你"。我意识到儿子可能恋爱了，要不就是暗恋上了某个女孩。

发现了儿子的这个秘密后，我整天都忐忑不安，没睡过一天安稳觉，不是担心儿子因恋爱耽误学习，就是害怕儿子在冲动之下做了后悔终生的事。为了引导儿子，我跟他聊起了早恋的危害，可是他大吼道："我只是谈个恋爱，又不是结婚，你担心什么？"甚至还说"想结婚也不行啊，我还不到法定结婚年龄。"

面对这种情况，我真不知道该怎么办了。

青春期的孩子有着强烈的情感需求，尤其是对于异性，他们充满着好奇和向往。所以当我们意识到自己的孩子有了喜欢的人时，首先不要惊慌，因为这个讯号告诉我们孩子已经长大了。其次，要尝试着相信自己的孩子这样做的理由，然后给予正确的指导。

困惑的父母二：

儿子正在读初三，今年15岁，他疯狂地爱上了同桌女生。他白天黑夜、梦里梦外都是那个女生飘动的身影和甜甜的笑容。我知道了这件事之后，狠狠地打了他。为了断绝两个孩子的关系，我还主动联系了女孩的父母，让他们管好自己的女儿。结果我听说，女孩回家遭到了父母的打骂，父母不允许她走出家门一步。我知道，经过这样一番训责，两个孩子肯定会有所收敛了。

可是令我们没想到的是，一星期前，两个孩子居然各自从家里拿了几百元钱，离家出走，去了别的城市。发现我儿子不见之后，老师和同学都帮着一起找。等我们找到他们的时候，已经是三天后。那时的他们，已经在另一座城市的火车站待了三天。

早恋是青春期少男少女的正常生理和心理现象，父母要抱有一种科学的态度，通过疏导和沟通的方式来解决；要多和孩子谈心，多理解、关心孩子。即便无法把孩子从早恋的情感旋涡中拉出来，也不能暴力相向，否则只能将孩子推向更危险的境地。

方法一：帮助孩子树立正确的恋爱观

青春期，孩子会对爱情充满向往。父母要理智地看待他们的情感变化，引导他们树立正确的恋爱观。父母一定要告诉孩子：只有在最合适的时间遇到合适的人，才能结出美好的爱情之果；爱情不是游戏，恋爱不是儿戏，要考虑很多因素。

但是处于青春的孩子由于阅历浅的关系，他们无法树立健全的恋爱观。如果孩子将爱情看作儿戏，父母就要告诉他们：真正的爱是宽容、责任、体谅和义务，是一辈子的承诺和关怀，不是两个人简单地在一起。

方法二：以朋友的姿态倾听孩子的心声

虽然很多孩子也知道早恋会遭受很多异样的目光，尤其是来自父母的，但恋爱中的孩子依然希望能得到父母的理解和祝福。如果孩子确实恋爱了，父母就要以朋友的角色，主动倾听孩子的心声；相反，一味地压制孩子早恋，不仅会让孩子变得叛逆，还会恶化亲子关系。

表现四 "我觉得这么穿挺好看"

青春期的孩子喜欢穿奇装异服、在衣服上搞另类装饰，在日常生活中并不少见；有的孩子甚至还会变着法子搞各种各样的发型，如染发、烫发等。他们这样做的目的，一是为了追赶时髦，二是为了引起别人的关注，通过标新立异来彰显自己。

困惑的父母一：

上初中后，儿子就喜欢上了染发。今年春节，儿子不仅将自己的头发染成了黄色，还把耳朵和后脑勺部位的头发都剃光了，头顶留的头发像个盖子一样，特别像蘑菇。我问他为什么剃这样的发型，他说："我觉得这样挺好看。"为了让我死心，他甚至还将新买的衣服剪破，重新进行了裁剪和缝纫，一身新衣服被他改的零零落落。我劝他不要穿，可是他觉得，那样穿好看、帅气。请问，现在的孩子都是这样吗？该怎么引导他呢？

青春期孩子喜欢追求个性，无非是为了满足自己两方面的心理需求：一方面是归属感，他们渴望融入同龄人的团体，但又担心被团体成员讨厌和抛弃，只能通过个性的外表和着装与团体保持一致；另一方面是渴望成为"焦点人物"，青春期孩子都渴望成为他人关注的焦点，学习好的会通过"好成绩"来体验美好的感受，学习不好的孩子，即使自己成了反面教材，也会满足一下被关注的心理需求。

困惑的父母二：

从进入青春期后，我发现女儿的装扮越来越夸张，每隔一段时间就将头发变个颜色，两只耳朵上还打了四个耳洞。对于我的不理解，她的解释是：她之所以要改变自己的发型和穿衣打扮，只是为了证明自己是个"时尚达人"，如果自己总是同一个发型，大家就会嘲笑她是"土包子"。自己以前学习不好，老师和同学对她都没有什么印象，自从改变路线变成"潮人"后，大家都开始关注她了……那种感觉令她很开心。

青春期的孩子会开始关注自己的外表，开始有意识地装扮自己，还有些女孩进入青春期后喜欢上了化妆，即使化妆后并不比素面漂亮，但她们依然会在自己的脸上涂涂抹抹。大人对此进行规劝时，孩子也不听，依然将大把的时间都花在穿衣、打扮上，结果大人和孩子之间冲突不断。

方法一：引导孩子树立正确的审美观和价值观

从一定意义上来说，衣着打扮可以体现一个人的心理需要和审美取向。因此，孩子对奇装异服的喜爱，也可以是孩子审美观和价值观的一个直观体现。他们之所以会喜欢这类服装，多半是因为个人还不知道什么是真正的美、个人最重要的是什么。并且，穿着另类，确实能吸引众人的目光，但不一定能赢得他人的尊重。所以，要想让孩子穿适合他们的服装，首先就要把孩子的审美调整到正常的轨道上。

青春期的很多孩子都希望得到别人的关注，为此，他们往往会从外在着装、发型等形象上着手，因为这是最容易做到的。一旦发现孩子的这种苗头，父母就要及时跟孩子谈心，引导孩子明确自己的主要职责，树立正确的审美观和价值观。

方法二：合理引导，让孩子充分发挥创造性

青春期的某些孩子爱穿奇装异服，有时候还自己搞些颇有创意的装饰来，这从某个角度来看，是孩子创造力强的一种体现。倘若父母能够将这一创造力加以引导，让孩子通过更有意义的事情表现出来，将会有效促进孩子综合素质的提高。

表现五 "你不了解我的朋友，凭什么这么说"

青春期的孩子有自己的想法和朋友圈子，他们希望听到不同的声音，希望了解不同的心声。当然，这里也不排除孩子与异性交往是出于异性相吸的渴望，但无论如何，这种交往都是正常的，是符合人性的。对于孩子的朋友，千万不要轻视，更不要鄙视。因为对于青春期的孩子来说，朋友可能比父母还重要。

困惑的父母一：

女儿晓微是个漂亮的初三女孩，她性格温和，学习成绩优异，还是班里的学习委员。同学们都很喜欢跟她交往。可是，我们很担心她耽误了学习，担心她学坏。昨天放学后，我出门办事，正好看到她和两位男同学同路回家。晚饭时我问她："晓微，今天跟你一起放学回家的两个男孩是谁？"她说是同学，他们在讨论考试的题目。我穷追不舍："讨论考试问题，用得着在放学后吗？那俩孩子一看就学习不好。”晓微有些生气，说：“你不了解我的朋友，凭什么这么说？”是我说得过分了吗？可是我女儿怎么那么大火气？

案例中晓微妈妈的做法确实有些过分了，即使担心晓微早恋或在与异性同学交往中受到伤害，但也不能不尊重晓微以及她的同学。父母这样做，名义上是在爱孩子，其实是在伤害孩子，因此父母要充分认识到青春期的孩子对朋友的重视程度，适当调整和孩子的沟通和相处，才是硬道理。

困惑的父母二：

晚饭后，儿子质问我：“你整天说我与‘坏孩子’在一起。你怎么能这样说我的朋友？我的朋友坏在哪里？他们对我够朋友，讲义气。当我遇到困难的时候，他们总会二话不说就来帮我解决。”

成人都知道“义气”的含义，但青春期的孩子涉世不深，无法真正理解这个词的真正含义。因此，父母刻意地反对孩子“哥们儿义气”的做法，只会越来越快地把孩子拉入错误的深渊。因此，在青春期，父母引导孩子学会正确交友是十分有必要的。

方法一：不要苛刻地约束孩子交朋友

很多父母出于对孩子安全方面或健康成长的考虑，对孩子交朋友进行了很多限制，比如：多跟学习好的孩子相处、不要跟不讲卫生的孩子交往、不要跟异性同学深交、不要总是帮同学做事……如果孩子真按父母的这些要求做，那孩子几乎就没有什么朋友可交了，也就成了真正的"孤家寡人"。

方法二：告诉孩子，交友要注重精神层面

青春期的孩子一般都会有几个好朋友，为了帮孩子提高个人素养，父母要引导孩子重视精神层面的交往，选择一些心意相通的朋友，选择对自己的缺点能直言规劝的朋友。

真正的朋友相交，不会看重物质层面的给予，而是更注重精神层面的给予。很多时候，青春期的孩子不懂得分辨朋友的好坏，此时，父母要及时帮他们进行辨别，引导他们寻找真正的心灵之友。

第五章

体察孩子的情绪变化

——因势利导，帮助他们走出内心的不安

关键一 孩子沉闷不语时，就不要逼着孩子说话

　　青春期的孩子一般都难以难教，这是许多父母的共同感受。有的孩子喜欢跟父母顶嘴，有的孩子会疏远父母，有的孩子不喜欢学习，有的孩子交友不慎……最让父母难受的就是，不知道从什么时候开始，孩子不喜欢跟自己说话了，总是沉默寡言的。出现这种情况，父母究竟该如何引导呢？

　　困惑的父母一：

　　小婷现在读高一，她性格变得有些内向了。平时都是独来独往的，几乎没有要好的朋友，很少参加集体活动。即使老师要求她参加，她也是独自一个人待在角落里。周末回到家里，她也把自己关在房间里做自己的事情，很少与父母交流。最近一段时间学习成绩似乎还有些下滑，这令她更加内向和自卑了。我想问她究竟是怎么回事，可是她一句话都不说。

女儿究竟是怎么了？想知道她的想法，怎么就那么难？

其实，孩子之所以会这样，某种程度上讲是家庭教育和青春期孩子的变化引起的。如果孩子从小就胆小、自卑，犯一点错误，就被父母关禁闭，就会造成畏缩、自闭，除了跟家人接触，几乎不怎么和同龄伙伴一起玩。进入青春期后，这种倾向就会更加明显。如果孩子总是沉默不语，父母一定要多方找原因，然后有针对性地来解决孩子的问题。

困惑的父母二：

再过几个月儿子就要中考了，我很为他担心。可是不知怎么回事，儿子每天不是写作业，就是自己上网玩游戏，对我不理不睬。最过分的是，前两天我们想跟儿子好好沟通一下，谁知没说几句话，他就顶撞说："我就是不知好歹，不可理喻。"为了防止我们进他的卧室，他索性就打了"请勿打扰"的纸条贴在门上，气得我们简直无话可说。

青春期的孩子正处于心理断乳期，他们渴望独立，情感起伏大。他们有自己的喜怒哀乐，但不愿向父母吐露，还经常会埋怨父母不理解自己。如果父母处置不当，对孩子的表现刨根问底，或漠不关心，就会增强他们的反抗情绪。

方法一：帮助孩子排解心理压力

心理压力大是造成青春期孩子沉闷的主要原因之一。为了排解他们的心绪，父母平时不仅要关注他们的学习成绩，更要关注他们的心理健康。

对于处于青春期的孩子来说，由于身心的迅速发展和学习任务的加重，他们都在面临更多的压力，如升学、人际交往、情感困惑等。这些压力如果无法得到及时缓解，可能就会让孩子陷入沉闷自闭的状态，因此父母要及时帮助孩子排解心理压力。

方法二：给孩子创造一个好的家庭氛围

家庭的温暖与关爱对孩子的成长非常重要。因此，要想让孩子不再沉闷，父母就要为孩子创建一个温馨、和睦的家。为了做到这一点，父母之间就要事先达成共识，比如：不在孩子的面前吵架，有什么问题背后解决，不对孩子实行"冷暴力"，不强迫孩子说话等。

父母只要多给青春期的孩子营造一些民主、自由的家庭氛围，就会逐渐提高他们独立自主的办事能力，充分发挥他们的个性特长。当然，要想做到这一点，首先不要批评和斥责孩子，也不要限制孩子的创造力和想象力，更要剔除"我是大人，你是孩子"的传统思想，要把孩子当作成人对待。

关键二 孩子莫名抑郁时，用幽默力感染他

　　青春期的孩子虽然容易产生抑郁的情绪，但这种情绪多半不会维持太长时间，只要父母多做正面暗示，言谈举止间多一些幽默的意味，他们的心情很快就会高兴起来。

　　困惑的父母一：

　　有天在网络上，我看到一个15岁的男孩在日志中这样写道："我觉得我的人生是没有光明和希望的。在我很小的时候，爸爸妈妈就离婚了，我跟着妈妈生活。我的学习成绩在班里很一般，但是妈妈把所有希望都放在了我的身上，剥夺了我'玩'的权利，每天就知道逼我学习，从来不关心我喜欢什么、不喜欢什么。我没有朋友，也从来没有人称赞过我，我想我是真的没什么作为吧。夜里失眠时我常常想：我活在这个世上是为了什么……"

　　如今的孩子究竟怎么了？即使父母离异，生活条件也比我们小

时候好，怎么就这么不知足？

青春期抑郁，是很多孩子都会遇到的问题。青春期的孩子都很敏感，学习压力大、与同学发生冲突、受到批评或指责、家庭不和谐等都会引发抑郁。因此，父母一定要了解孩子的这种心理，从而正视孩子的这个问题。

困惑的父母二：

自从结婚后，我们夫妻的感情就不太好，经常吵架，后来我们离婚了。女儿小艾跟着爷爷奶奶生活。之后，我很快再婚。我有些舍不得孩子，时不时地去看她。小艾有些自卑，性格内向，不愿和同学交往，甚至变得日渐消沉，学习成绩一落千丈。我感到很痛心，可是搞不明白她为何会这样？

青春期的孩子之所以感到抑郁，其中一个重要原因就是"爱的缺失"。孩子如果从父母那里感受不到家庭的温暖，感受不到爱，就会觉得自己一无是处，感到心情压抑，继而产生抑郁心理。

方法一：大人多一些幽默，让孩子不抑郁

幽默感是一个人情商的重要组成部分，具有幽默感的人，一般都开朗活泼，人际关系也会好得多。因此，如果孩子莫名变得抑

郁，父母可以充分运用幽默帮助孩子更好地应对生活和学习中的压力和痛苦，使孩子变得快活、聪明起来，较轻松地完成学业，甚至拥有愉悦的人生。因此，如果想让孩子减少沉闷，父母就要学会用幽默力感染孩子。

方法二：理解孩子青春期的"情绪发病期"

随着孩子身体的不断发育，到了青春期可能会出现"情绪发病期"，每隔一段时间，他们就会莫名其妙地出现情绪低落的状况，闷闷不乐，不愿理睬别人，也没心思做事。如果父母忽视了这一点，不仅会影响孩子心情、耽误孩子学习，还会影响他们与同学的关系。对于这种情况，父母一定要多加关注，不要忽视了孩子情绪的多样性变化。

关键三 孩子紧张不安时，引导他将心态放平和一些

青春期的孩子都有竞争心理，喜欢争强好胜，面对考试或人际交往时会表现出适度的紧张。这种适度的紧张状态，会给孩子造成一定的压力，刺激他们的神经系统，令他们保持良好的兴奋状况，更好地应对挑战。相反，如果处理不当，很容易让孩子感到紧张不安。

困惑的父母一：

儿子从小学到高中，学习成绩一直都名列前茅，我们也对他寄予厚望，还给他制定了非清华、北大不上的"死目标"。可是，上了高中后，他向我抱怨自己压力很大。一方面学习压力突然变大，要学的知识变多；另一方面，我们整天在他耳边念叨"好好学习，一定要考上北大、清华"，让他倍感压力。结果在临近高考的一个星期，儿子变得异常紧张，几乎每天都失眠。临考前竟然大病一

场，最终高考发挥失常了。

孩子之所以会在高考前感到身体不适，其中一个重要原因就是父母的应对方式不当。父母给孩子施加了太多的压力，以至于孩子承受不住，造成了一系列不好的结果。虽然父母关注孩子的学习没有错，但过度关注就会使孩子失去喘息的空间，让孩子产生紧张不安的心理。

困惑的父母二：

我儿子小楠正在上初三，初中前两年，他的成绩一直在班里名列前茅。可是，临近升初三时，他的成绩反而下降了不少。他跟我说，自从考试临近，他每天都过得很紧张，晚上也睡不着觉，也没有任何食欲；想稳定情绪复习功课，可是焦躁的感觉让他无法平静下来，根本看不进去书。他真的很害怕考试，问我怎样做才能消除自己的紧张感。

我该怎么回答孩子的问题呢？我也想给孩子一些建议，可是我确实不知道怎么办啊！

小楠的情况属于典型的青春期紧张现象，这一现象在中学生群体中非常普遍。中学生正处于人生的青春期，他们的生理和心理都会发生巨大变化，再加上学习压力大、人际交往增多，他们的情绪就容易陷入紧张不安的状态。

方法一：找到紧张不安的根源，从根本上解决问题

引起青春期孩子情绪紧张不安的原因有很多，如青春期的心理困惑、学习压力、人际关系的烦恼等。因此，父母要深入地与孩子沟通，找出他们紧张不安的具体原因，然后从根本上分析并解决问题，就能帮他们恢复正常的情绪状态。

方法二：给孩子心理暗示，帮他树立自信

青春期的孩子之所以会感到紧张不安，从根本上说，多是因为他们对自己的不自信。比如，对自己的相貌不自信，和长得好看的孩子说话时，孩子就会感到紧张；对成绩不自信，跟学习好的孩子在一起时，孩子就会感到紧张……因此，要想从根本上让孩子摆脱紧张情绪，父母就要帮孩子建立强大的自信。

关键四 孩子敏感多疑时，就不要对孩子撒谎

在心理学上有个著名的"瀑布效应"，说的是即使信息发出者的心理比较平静，如果传递的信息使接收者出现了不平静的心理反应，继而出现态度、行为的变化。如同自然中的瀑布一样，上游看起来平静异常，一旦遇到了某个峡谷，瀑布就会一泻千里。这就告诉我们，别人的一句无心之言，也可能让我们产生猜疑。青春期的孩子同样如此。面对这种情况，父母要做的就是对孩子诚实以待，不要撒谎。

困惑的父母一：

我女儿肖娜读小学时品学兼优，升入初中后由于班上优秀生云集，她的成绩不再有优势，心理压力越来越大。如此，学习成绩也明显下滑。我们感到着急，本来期望她能考上重点高中，但看到这种情况，都感到很焦虑：女儿的成绩不仅没有进步，还向后退了。

可能是我们说的话有些重了，女儿一连几天都是沮丧至极，郁郁寡欢，心情坏到了极点。她甚至还对我说，只要在学校就觉得老师和同学都在用异样的眼光看她，她总觉得脸上火辣辣的。

青春期的孩子本来就敏感多疑，这时候如果父母用语不当，更容易刺伤他们的自尊心。再加上成绩下滑得厉害，孩子自然就会陷入自卑的情绪中无法自拔；这种自卑感会加重孩子的多疑和敏感，使他们的心态急剧恶化。

困惑的父母二：

儿子小章马上就要参加中考了，我对此感到很紧张。可是为了减少儿子的紧张感，我表面上依然装作若无其事的样子。但在孩子上学后，我就会打开电脑查看相关的资料。有天晚上我看到一篇文章，是一个中考孩子写的日记：

"中考初试过线，我兴奋得一夜未眠。当天晚上，我想了许多：想到了范进的喜极发疯；想到了第二天自己无法正常复习，考试落榜……脑袋里出现了很多念头，觉得快要爆炸了。我甚至还怀疑自己是不是神经衰弱，突然间对自己有些担心。第二天，我就发觉自己有些神经兮兮的了，对什么都敏感、多疑。女同学看我一眼，我就觉得她可能是看上我了。怕影响学习，我不愿再想下去，可这种念头反而更强烈，弄得我很烦恼……"

我儿子会不会也是这样啊？我该怎么引导他？

由于青春期孩子身体发育的不成熟、知识和生活经验的不足，经常会出现不健康的心理，敏感多疑就是常见的一种表现。他们神经过敏，喜欢怀疑他人，总会将别人无意中的话、不相干的动作当作对自己的轻视或嘲笑，甚至有点喜怒无常。因此，面对青春期孩子的敏感多疑，父母一定要想尽办法引导孩子从中摆脱出来。

方法一：帮助孩子树立自信

孩子敏感多疑的一大原因是孩子本身不够自信。一旦遇到小挫折，这种不自信便会强烈地折射出敏感多疑的心理倾向，甚至使孩子陷入一种恶性的心理循环。因此，如果想让孩子远离敏感多疑的心态，就要鼓励他们相信自己。

针对这种情况，解决的有效办法就是，父母要找些让孩子引以为傲的事情，或者指出孩子的长处，帮助他们恢复自信。

方法二：批评孩子时，先给予尊重

有时候孩子敏感多疑，还可能是父母不当的批评导致的。看到孩子不听话，或者孩子做错了事，有些父母会使用一些贬低性词语，比如，"你真笨！""你怎么啥都不会？""看来你长大了只能去扫马路了！"等。在特定情况下，这些词语会严重刺激孩子的自尊心，尤其是青春期的孩子。

这一时期的孩子，自尊心都很强。假若有时父母一句话说重了，孩子就会跟大人争辩或者将怨气憋在心里，日久天长，就会形成强烈的自尊心理。所以，如果孩子在某方面做得不好，父母一定要帮助他们分析原因，找出解决问题的办法，切忌不问青红皂白地对孩子进行一通批评。

如果父母批评孩子的语气中带着一丝丝肯定，会给孩子一种积极的暗示和鼓励。这种春风化雨般的批评，会给孩子莫大的尊重和鼓励，使孩子和父母不再处于敌对状态。

第六章

学习是孩子的主业

——解决好五个问题，孩子就能爆发出惊人的学习力

技巧一 帮孩子找到学习的乐趣，学习就会更加主动

爱因斯坦说过："对一切来说，只有热爱才是最好的老师，它远远胜过责任感。"很多科学家、文学家之所以能取得巨大的成功，就是从自己的热爱和兴趣开始的。只有兴趣，才能点燃人们的热情。青春期的孩子如果对学习一点兴趣都没有，他们就会少了学习的主动性。

困惑的父母一：

一个月前，我发现自己正在上初二的儿子将所有的心思都放在上网上，对学习简直是一点兴趣都没有。为了培养儿子的学习兴趣，我便从他最喜欢的网络开始着手，比如，让他进入英语语音聊天室，学习外语知识的同时也锻炼了听力；鼓励儿子在网络上找一些有趣的题目做一做，或阅读一些好文章。

为了预防儿子产生网瘾，我和他协商后，规定了他的上网时

间。就这样，引导了一段时间后，儿子对学习的兴趣大大提高了。可是，最近一个星期我发现儿子故伎重演，不喜欢写作业，不喜欢预习，不喜欢起床……我真是黔驴技穷啊！我该怎么办？

对于大多数青春期的孩子来说，学习就是一件苦差事，简直毫无兴趣可言。许多孩子宁可挨父母骂、干体力活，也不愿多花一分钟去学习。其实，父母也不能完全责怪孩子不爱学习。面对学习兴趣缺失的孩子，父母只有从兴趣入手，引导他们对学习产生兴趣，他们才会将自己的注意力集中到学习上。

困惑的父母二：

女儿甜甜眼看就要读初三了，可是最近几天她不想继续读书了，因为她觉得读书没什么用，每次一写作业就想睡觉。了解女儿的想法之后，我感到很诧异，怎么也想不明白女儿为什么会变成这样。有天晚上10点钟，女儿依然坐在电视机前看电视。当我督促她去写作业时，她却说："写了也没用，写了也是错。"

上课，不听讲；课后，不写作业。我女儿究竟是怎么了？

眼看就要升初三了，孩子却突然"掉链子"，不想继续读书，怎么劝说都没有用。孩子的这种现象，让父母感到很惊讶，也常常令父母措手不及。孩子为什么会突然生出这种想法呢？原因之一就是，孩子对学习没有兴趣。

方法一：引导孩子采取科学的学习方法

很多孩子之所以对学习不感兴趣，主要是因为没有掌握正确的学习方法。只有采取科学的方法教孩子学习，才能让孩子不再惧怕并喜欢上学习。如果孩子的学习方法不正确，学习效率低下，成绩提不高，时间长了就容易破罐子破摔，继而厌恶学习。因此，要想提高孩子对学习的兴趣，父母就要帮他们找到正确的学习方法，先引导他们对学习产生兴趣，高效地学习。

方法二：培养青春期孩子的竞争意识

青春期的孩子一般都争强好胜，如果能够激发孩子将这种好胜心用在学习上，父母就省心多了。因此，父母充分鼓励孩子的竞争意识，就能激发他们的兴趣，让他们爱上学习。孩子一旦具备强烈的竞争意识，几乎不用父母督促，也能自觉地学习，并乐在其中。

技巧二 引导孩子制订适合自己的学习计划

　　在做每件事之前，优秀者都会制订周密的计划。否则，做起事来就会毫无章法、容易事倍功半。这个道理同样适用于青春期孩子的学习。对于青春期的孩子来说，好的学习计划能为他们的学习道路指明方向。一旦孩子心中有了学习计划，也就有了学习目标，学习效率自然会大幅提高。

　　困惑的父母一：

　　我儿子14岁了，很听话，各方面表现都不错。唯一的缺点就是，他学习没计划。我说什么，他就做什么，显得有点盲目顺从。如果我照顾不到，他就无所适从，不知道怎么学。因为这个原因，他的学习成绩在小学时还能排在前几名。如今读到初二，儿子成了班里的中等生。我该如何引导他喜欢上学习呢？

青春期的很多孩子都有这样的情形：如果父母指挥一下，他们就行动一步。这时期的孩子往往自控能力差，不懂得约束自己，习惯在父母的监督下学习，成绩也表现得不稳定。要想解决这种现状，父母就需要引导孩子制订一定的学习计划。

困惑的父母二：

我儿子晓晨今年11岁，上小学五年级，他的英语成绩一直很差。每次我让他学习英语时，他总是表现出很不耐烦的样子，学习效果也很差。为了让晓晨更好地学习英语，我想了一个办法，为他制订了英语学习计划。结果，一开始晓晨还能按照计划学习，可是没过几天，就变回了以前的样子。我应该如何引导孩子按照计划学习呢？

不可否认，晓晨最大的错误不是没有学习计划，而是制订了学习计划，却没有执行下去。在学习过程中，学习计划的重要性不言而喻，但更为重要的是要积极执行。否则，学习计划就成了一张白纸，毫无意义可言。

方法一：从实际出发制订学习计划，并留有余地

如果父母对孩子期望过高，那么即使计划制订得非常完美，孩子执行起来也会举步维艰。也就是说，如果将目标定得太高，计划

定得太死、脱离实际，即使制订了学习计划，其结果也等于零。

父母引导孩子制订学习计划时，一定要从实际出发，要结合孩子现阶段的学习水平和能力。同时，还要有一定的机动性。把计划制订得太紧、太满、太死，不留出机动时间，就无法达到预期效果。父母一定要记住：现实是不可能完美地跟着计划走的，只有留有一定的余地，才能增加完成计划的可能性。

方法二：学习计划制订完，一定要督促孩子坚持

制订计划的目的是为了执行。可是，青春期的孩子都好动，做事容易半途而废，如此就需要父母进行督促了。引导孩子制订好计划之后，父母不要做甩手掌柜，必须做好监督工作。

在孩子学习的过程中，很多父母都会犯这样的错误，虽然给孩子制订了学习计划，但没有为孩子制订学习时间表，导致孩子常常睡得晚、起得早，几天之后就坚持不下来了。青春期的孩子自控能力较弱，而任何计划的执行都需要长期坚持，因此要想让孩子将计划执行下去，父母就要进行必要的督促。倘若发现孩子做得不好，父母就要及时帮他们指正。

技巧三 若要提高记忆效果，就要找到好的记忆方法

青春期的很多孩子都不喜欢识记背诵，因此语文、历史类的科目成绩总是不理想。当问他们原因时，他们多半会说记不住。难道青春期的孩子真的记不住吗？不是的。如果孩子没有掌握正确的记忆方法，背过一两遍之后，没有再强化记忆而已。

困惑的父母一：

儿子晓胥今年15岁，学习非常刻苦，虽然作业能按时完成，但学习成绩总是上不去。其实，晓胥一点也不笨，只是理解能力差、记忆力差。比如，做数学题时，虽然公式记得非常清楚，但一遇到需要变换公式的题目，就不会做；英语成绩不好，主要是因为他记不住单词、句型……

我帮儿子分析过他的问题，可是他不听，总觉得自己很笨。我很担心他，该如何引导他呢？

学习，仅靠死记硬背是不会取得好成绩的，必须有好的理解力做保障。可是培养和提高青春期孩子的记忆力和理解力并非一朝一夕的事情，还需要父母平时耐心的引导。

困惑的父母二：

我女儿现在正在读初三，即将面临中考，正是冲刺的关键时期。可是，最近她总是苦恼地对我说："妈妈，我可能考不上重点高中了，我脑子真是笨，总是记不住那些知识点"。

听了女儿的讲述，我才发现原来不管是背课文，还是记知识点，她都记得特别慢。别人十分钟能背下来的内容，她可能花费半个小时才能记个大概。有时候好不容易记下来的内容，一紧张或者时间一长，她又会忘光。我该如何来帮助她呢？

对于青春期的孩子来说，记忆力是影响学习成绩的关键因素之一。孩子只有提高记忆力，才能保证学习效率，才能不断地发展孩子的智力，继而不断地积累新知识。青春期孩子的情绪很容易出现波动，继而降低记忆效果。因此，作为父母，就要给孩子准确的引导，鼓励他们巧妙地记忆。

方法一：引导孩子掌握记忆规律

艾宾浩斯是著名的研究记忆的心理学家，他曾经做过一个著名的实验：熟记13个无意义的音节后，过1个小时，就会遗忘7个；2天后，又会遗忘1个；6天后，虽然遗忘还在进行，但速度更慢了。可见，记忆过程一结束，遗忘就开始了。遗忘的速度是先快后慢，越往后遗忘越少。

既然记住的东西在遗忘时有先快后慢的特点，因此父母要引导孩子掌握记忆的规律，针对遗忘的特点来进行学习。一般来说，刚学过的东西要多加复习和记忆，以后复习和记忆的次数可以逐渐减少，间隔时间可以逐渐延长。

方法二：教孩子正确的记忆法

学习，离不开记忆。很多孩子对所学的东西当时理解了，也能够记住，但时间久了，还会忘记。因此，记忆是需要反复强化的，比如，对于有些问题，虽然孩子这次理解并记住了，但下次父母在提问他时可以换个角度提问，如此，孩子不仅能够懂得从不同的角度思考问题，又能对该问题留下深刻印象。

数据显示，人类大脑能够存储的知识相当于一个美国国会图书馆藏书的50倍，也就是大约一千万册图书的50倍。面对这个惊人的数字，我们不禁感叹人脑的记忆潜能。为了提高孩子的记忆效果，父母就要有意识地引导孩子掌握正确有效的记忆方法。

第一，归类记忆法：简而言之就是，把许多同类的事物归为一类。归类过程，也是一个理解的过程，本身已经具有记忆的功能，孩子一边归类，一边理解，就相当于在记忆了。

第二，协同记忆法：在记忆某种东西时，让孩子边读、边写、边听，让多种感官都参与进来，利于增强记忆效果。

第三，歌诀记忆法：可以让孩子把需要记忆的材料采用谐音、比兴等手法，制作成歌谣或口诀，加强记忆。

技巧四 不要让孩子因为不喜欢某科老师而导致偏科

如今，孩子个性越来越强，视野也越来越广阔，吸纳的信息也越来越多，他们对许多事情都有自己独立的思考，这无疑是积极的。但是，由于阅历和思想的局限，青春期的孩子对事物的态度往往又有失偏颇，他们的观点、态度容易受到情绪的影响，不能客观、理性地认识事物，继而对学习、生活产生不利影响。青春期的有些孩子会因为对老师的喜爱而偏爱某一学科，有些孩子会因为不喜欢某位老师而产生偏科，从而影响自己的学习成绩。

困惑的父母一：

我女儿今年正在上高二，她性格开朗，总体成绩不错，但英语成绩很差。我知道，女儿小学时候英语成绩挺棒，便问她为何初中英语成绩不好。她说："我们英语老师只喜欢英语学得好的孩子，很多同学都不喜欢她。上课时根本就没人听，同学们都在写其他作业或者看课外书。"

我问她："你们英语老师不管你们？"

她说："管了，我们也不听。"

我知道女儿是因为不喜欢英语老师才不喜欢英语科目的，便给她讲了很多道理。可是，虽然女儿当着我的面答应得好好的，但一到课堂就恢复了原状。我该怎么办？

青春期的很多孩子都会因某个老师而喜欢他所教授的学科，成绩往往也不错。一旦发现孩子的某科成绩不好是因为他讨厌某个老师时，父母就要尽早对孩子做出引导，告诉他们：每位老师都有自己的教学风格，要适应不同的老师！一个老师的风格不可能适合所有的孩子，因为不喜欢某位老师而放弃某科的学习是对自己的不负责任。

困惑的父母二：

我儿子小凤上小学时学习成绩很优秀，经常受到老师的表扬。我也觉得很有面子。可是升入初中后，他的学习成绩就不好了。我感到很着急。经过多次沟通后，我发现他成绩不好的主要原因是偏科。他数学成绩特别差，不喜欢数学老师，厌恶学数学，学习积极性不高，导致其他科目成绩也受到了"牵连"。我该怎么办？

小风的数学成绩之所以无法提高，主要有两个原因：一是数学基础比较差，二是不喜欢数学老师。每个老师都有自己的授课风格，因此父母要引导孩子跟着老师的思路走。不管如何，父母都要引导孩子尊重老师，都要谦虚地向不同老师学习不同的知识。

方法一：培养孩子对偏弱学科的学习兴趣

兴趣是最好的老师，如果孩子对某一科目感兴趣，他就会主动去学；反之，就会厌烦学习该科目。因此，要想减少孩子的偏科，父母就要引导孩子提高对相关科目老师的兴趣，继而提高对该科目的兴趣。

通常，对于没有兴趣的事情，孩子是不会投入更多时间的。青春期的孩子更是如此。如果孩子出现偏科，父母就要想办法激发他们的学习兴趣。只要孩子有了学习动力，学习主动性就会增强，成绩自然能够提高；而成绩的提高又会增强孩子的自信心，又会促进他们的自主学习能力。

方法二：跟老师沟通，争取得到偏弱科目老师的帮助

孩子学习成绩的好坏受多种因素的影响。因此，要想提高孩子的学习成绩、改变偏科的现状，既需要孩子本身的努力，也需要父母、老师的共同协助。总之，为了让孩子尽快地将弱科补上去，父母就要多跟老师沟通，正确地寻求相关科目老师的帮助。

技巧五 尊重孩子的兴趣，不盲目给孩子报特色班

为了不让孩子输在起跑线上，很多父母从小都会给孩子报特色班。直到上了初中，随着课业的增加，有些父母才将特色班停掉，让孩子主抓文化课；有的父母则会让孩子挤时间学习。如果孩子反抗，就会受到他们的严厉责骂。可是，结果呢？孩子非但没有学好特色辅导班，还影响了在校学习，成绩变得一塌糊涂。如此，就得不偿失了。

困惑的父母一：

我儿子小茗正在上小学五年级，他非常喜欢弹琴，而且在音乐方面也很有天赋。小小年纪就可以作简单的曲子，这本是一件令人高兴的事。但是他爸爸坚决不允许小茗学琴，非让他学画画不可。音乐老师开导他爸爸，小茗在音乐方面很有天赋，好好培养一下会有所成，应该尊重孩子的兴趣和爱好。他爸爸满不在乎地说："什

么兴趣、爱好？孩子懂什么，这时期最重要的是学习！只要刻苦训练，做什么都可以出成绩。"面对孩子的兴趣和爱好，该不该大力支持他呢？

孩子是独立的个体，不仅有自己的喜怒哀乐，也有自己的兴趣爱好。但很多父母并不重视此事，认为孩子的生活道路应该由父母来安排。这种看法显然是不对的。如果不以孩子的兴趣为出发点，不管做任何事，孩子都会反应平淡，很难有所成就。同时，违背孩子的意愿，更会伤及孩子的自尊心。

困惑的父母二：

两年前，我们在网络上观看了一场由丹麦12岁的音乐"神童"演奏的钢琴音乐会，美慕不已。同时也下定决心要将儿子培养成一名钢琴家。我们省吃俭用，终于攒下一笔钱，为儿子买回了一架钢琴。可是，儿子说，自己对音乐不感兴趣，乐感也非常差。为了逼迫儿子学习音乐，我每周都会陪儿子到少年宫学两小时的钢琴。为了对儿子练钢琴能起到监督作用，只有一点点简谱底子的我还去"加强班"进修了两个月的五线谱。可是，即使我费尽了心思，但儿子一看到钢琴就直摇头。我该怎么办？

案例中的父母整日强迫孩子学钢琴、练钢琴，相信孩子的逆反情绪会越来越烈。一旦在未来的某一天，孩子的这种逆反情绪就会像一座"小火山"一样爆发，轻者歇斯底里，重者还会伤及孩子的健康成长。这样的例子在现实生活中比比皆是，父母一定要提高警惕。

方法一：给孩子的兴趣以引导和鼓励

有一位教育家曾说："天才之所以是天才，并不是因为他们生来就具有很高的天赋，关键是他们在幼年时期的兴趣和热情的幼芽没有被踩掉，且得到了保护和顺利发展。"所以，父母一旦发现孩子的兴趣，就要给孩子以引导、帮助和鼓励。

孩子的天赋能否得到发展，主要取决于父母能否为孩子提供足够的支持和帮助。父母是孩子的引导者，一旦孩子感兴趣的事情得到了父母的支持和鼓励，他们就会有信心坚持下去；如果父母不鼓励孩子，甚至批评孩子，那么他们的兴趣就会像昙花一现，之后迅速枯萎。

鼓励孩子的兴趣，意味着父母要花费时间、金钱，但最重要的是要善于听取孩子的想法，了解孩子的困惑，多给孩子创造尝试和实践的机会。

方法二：不要强迫孩子学才艺或替孩子选志愿

如今，有些父母给孩子报了很多才艺班、特长班，甚至从孩子上幼儿园就开始了。父母的这种心态可以理解，希望孩子多才多艺，希望孩子拥有一技之长，希望孩子今后能够出人头地……可是，这些父母忽略了一个基本的事实——孩子到底喜不喜欢这些才艺班、特长班；他们对所学的这些内容究竟感不感兴趣。如果孩子不感兴趣，父母就是强人所难了。

身处青春期的孩子已经有了自己独立的想法，已经基本了解自己的兴趣所在。如果父母在兴趣等方面束缚孩子，如选择专业、选择学校等，把自己的意愿和想法强加在孩子身上，最终只能导致悲剧的发生。

孩子是独立的、有思想的人，不是父母任意操控的机器。青春期的孩子的独立意识已经明显增强，这时候父母强迫孩子去学习某项特长，只会引起孩子的反感，严重者还会使孩子跟父母对着干。因此，与孩子有关的事情，父母最好跟他们商量一下。

第七章

培养正确的竞争意识

——通过正面教育，提高孩子竞争力"

要点一 有竞争就会有胜负，提高孩子的抗挫能力

　　抗挫能力是一种可贵的品质，也是每个青春期孩子必备的素养。抗挫能力强的孩子一般都不畏困难，不管遇到任何挫折，都不会轻易低头，并且能够取得最后的胜利。不夸张地说，抗挫能力是每个孩子不可或缺的品质，对孩子的未来成长至关重要。因此，要想让孩子在竞争中提升自己，就要引导孩子提高抗挫能力。

　　困惑的父母一：

　　儿子小泽13岁了。暑假时他央求我给他报名跆拳道训练班。结果，一周后他就不去了。我询问他为什么不去时，他说太累了，腿都踢肿了……为了鼓励孩子去上训练班，我给他讲了很多道理。终于，孩子又去了。可是，不到两个星期，他又说不想去了，这次给出的理由是"自己做不好，同学总笑他"。

　　这孩子怎么了，难道被人说几句就不学了？

　　青春期的很多孩子都缺少抗挫能力，面对一点挫折，他们就会后退不前。孩子总要长大成人，如果他们一点抗挫能力都没有，就不能承担责任，也不会真正长大。而且事实证明，那些遇到困难不低头、不服输的孩子，长大后才会有所成就，才容易取得人生和事业上的成功，并肩负起个人应该承担的责任。

　　困惑的父母二：

　　我儿子已经13岁了，但是他的性格有点软弱，害怕挫折和失败。一次，学校组织歌唱比赛，由于儿子平时比较喜欢唱歌，我鼓励他主动参加比赛。可是，他一直比较紧张，总想着如果比赛失败了，其他人就会嘲笑他。后来，在我的多次劝说下，他终于鼓起勇气参加了比赛，但由于太害怕失败，唱歌时居然忘词儿了。儿子的自信心跌倒了谷底。我想安慰他，可是一想到他已经长大了，小时候使用的方法如今已经不管用时，我就发愁。究竟有哪些方法适合引导儿子呢？

　　青春期的每个孩子都要经受挫折，且参与竞争的过程也是可能遭受失败的过程，如果孩子因为这些而备受打击、心情不好或者哭泣，那么父母千万不要过于紧张。因为从生理和心理的角度来说，孩子为一些事情哭泣并非坏事，这是他们情绪的自然发泄。父母的主要任务就是，引导孩子提高抗挫能力。

方法一：培养青春期孩子的抗挫能力

青春期的孩子一般自尊心比较强，非常爱面子，还容易过高地估计自己的能力，可是由于自身经历尚浅，他们在解决问题方面能力还存在很多不足，总会遭遇一些挫折。这时候，如果孩子经不起挫折的考验，父母就要引导他们用坚强来应对。有竞争就会有胜负，唯有提高了他们的抗挫能力，才算是提高了他们的耐挫性。

青春期的孩子是否坚强，主要体现在他们面对困难和挫折的态度上。软弱的孩子遇到困难和挫折，就会低头，绕着走；而坚强的孩子则会跟苦难、挫折斗争到底，并且取得最后的胜利。所以，要想提高孩子的耐挫性，父母就要着重培养他们的抗挫能力。

方法二：用积极的暗示鼓励孩子做个坚强的人

父母积极的暗示和鼓励，会让孩子变得更加坚强、更勇敢，更容易从挫折中恢复过来；相反的，父母给孩子消极的暗示，会让孩子变得更脆弱、更消极，也更加害怕困难和挫折。所以，要想提高孩子的抗挫能力，父母就要对青春期受挫折的孩子多加鼓励，并且多传达给他们一些积极的暗示。

要点二 孩子好胜心过强，引导他们多看对手的优点

学会欣赏对手，能让孩子产生一种轻松、愉快和满足感，心灵也会在不知不觉中得到净化与调适。同时，欣赏还能开阔孩子的视野，充实他们的生活并增添生活情趣。正如培根所说："欣赏者心中有朝霞、露珠和常年盛开的花朵。"因此，面对争强好胜的孩子，就要让他们多看对手的优点，多欣赏对方的长处。

困惑的父母一：

我女儿小语从小就喜欢争强好胜，赢了得意扬扬，输了大发脾气。上小学时，不管做什么事，她都喜欢占上风，总爱跟同伴比，不管是参加体育运动，还是玩玩具，都要胜人一筹。进入青春期后，女儿的好胜心更是愈演愈烈，每次考试都要超过其他同学，甚至在吃、穿、住上，小语也要跟同学一较高下。

初二时，班里转来一位品学兼优的女同学，她的成绩比小语

好很多，老师总是表扬她，还号召班里的学生向她学习。小语对此不以为然。有一次考试，小语考了第二名，新来的女同学考了第一名。小语无论如何也接受不了这个现实，甚至还号召关系好的女同学来孤立这位新同学。

面对女儿的好胜心，我该怎么引导她呢？

对于青春期的孩子来说，过于争强好胜固然不好。但是，在社会大环境中竞争无处不在，如参加各类竞赛活动，和同伴展开竞争等，因此，父母刻意淡化孩子争强好胜的意识，也会影响他们将来在竞争社会中的生存。对于这一点，父母一定要正确认识。

困惑的父母二：

我女儿正上初三，成绩一般，喜欢跳舞，毛笔字写得不错，但她的嫉妒心很重。同桌小蕊学习成绩很好，还是英语课代表，人缘也不错。然而，我女儿非常不喜欢她。因为她觉得小蕊仅仅学习好，但是不会唱歌，也不会跳舞，长大了也是个"书呆子"。

即使如此，她还很忌妒小蕊的成绩。为了诋毁小蕊，她总跟对方唱反调，不配合她交作业，甚至还跟同学说老师偏向小蕊，小蕊可能提前知道了试卷的题目，所以才能考得高分。我知道她的做法不对，劝过她很多次，让她将心胸放宽一些，可是她根本听不进去。我该怎么办？

青春期的孩子心智发展还不够成熟，对自己各方面的能力认识不足，容易产生嫉妒心。一旦有了这种不良心理，孩子的言行就会出现偏差，无法与同伴相处。如果这种心理得不到及时纠正，孩子的人格就会进一步扭曲，灵魂会受到污染，甚至失去理智，泯灭良知。如此，一旦步入社会，将很难建立融洽的人际关系，在事业、社交、家庭等方面也会遇到诸多困难。

方法一：让孩子学会欣赏他人的优点

罗丹说过："对于我们的眼睛，不是缺少美，而是缺少发现。"作为父母，必须要让孩子明白：每个人身上都有优点与缺点，能够看到别人优点的人比只看到别人缺点的人更快乐、更受欢迎。因此，如果孩子好胜心太重，就要引导他们多欣赏他人的优点。

青春期的每个孩子都有好胜心，都希望自己在某一方面能够更胜一筹。作为父母，我们一定要鼓励孩子多看别人的优点，这样不仅可以带给别人自信，还能愉悦自己。只有懂得欣赏别人的人，才是自信的、快乐的、勇敢的、开放的；而这项本领，父母完全可以对青春期的孩子进行强化教育。

方法二：培养孩子的博大胸怀

喜欢嫉妒别人的孩子，胸怀一般都不够宽广，因此对于别人优于自己的地方，不能以平常心对待。为了消除孩子的不良心理，父母就要适当引导他们将自己的心胸放宽一些，把眼光放长远一些。同时，父母还要培养孩子的自信心。因为真正自信的孩子虽然也在乎输赢，但是他们不会因为别人比自己强而产生焦虑嫉和妒心理，而会再接再厉，更加努力地提升自身的能力。

要点三 博弈里没有弱者，轻视对手者必败

　　青春期的孩子不仅好胜心强，还喜欢表现自己，往往稍微取得一点成绩就容易产生骄傲自大的情绪，甚至容易轻视对手。关于这一点，父母在引导孩子树立正确的竞争意识时，一定要告诫他们：博弈里没有弱者，轻视对手者必败。

　　困惑的父母一：

　　儿子小晨是个非常有才华的小男孩。12岁的他已经学会了三门乐器，令我的朋友夸耀他有才华。渐渐地，小晨开始变得骄傲、自以为是起来。

　　在这种负面情绪和心理的影响下，小晨开始厌恶学习；他说书上的知识他已经都会了，他不想再练习别人编出来的曲子，要自己创作。

　　我们劝他要多向别人学习时，他觉得别人都不如自己，甚至

连自己的音乐辅导老师都看不上了。结果，小晨各方面的成绩一路
下滑。

骄傲自满是一种不良的心理状态。如果父母不够重视它，它便
会将孩子一点点地拉向失败的深渊。青春期孩子的人格处于发展健
全之中，当看到他人不如自己时，他们容易轻视他人。这一点，跟
他们的心理发育有着密切的关系，也跟我们的教育环境有关。

困惑的父母二：

女儿小慧不仅成绩优秀，还能歌善舞，总的来说非常优秀。无
论在学校还是在家里，她听到的都是表扬的话。结果，她越来越觉
得自己自命不凡。

当别人家的孩子在某方面表现比较突出时，她就不服气、说人
家坏话。当遇到对方不如自己时，她就会说"连这都不知道""你
真是个笨蛋"之类的话，以此来蔑视和嘲笑别人，搞得她和同学之
间的关系越来越紧张。

轻视他人，这种情绪的产生主要是因为孩子没有形成正确的认
知，过分高估了自己。我们知道，一个人低估自己时会变得自卑，
而高估自己时就会表现为自负或骄傲。久而久之，就会目中无人，
在自己与外界之间形成一道无形的墙。因此，为了孩子的健康成

长，父母一定要注意青春期孩子的心理健康教育和情绪管理。

方法一：让孩子看到轻视他人的危害

看不起他人的孩子往往觉得别人不如自己，从而在自己的周围竖起一道无形的墙，将自己与外界隔绝开来，他们的心胸也会变得狭窄，思想更会变得狭隘。因此，如果想减少孩子的这种不良心理，就要让他们看到轻视他人的危害，从而引导他们摒弃骄傲的心理，变得谦虚有礼。

轻视他人是一种很难控制的情绪。对成人来说尚且如此，对青春期的孩子更是一件难事。所以，要想减少孩子对他人的轻视，父母就要让他们认识到轻视他人的危害，引导他们控制自己的情绪。

方法二：为孩子做出谦虚的榜样

有些父母自身条件比较优越，总是表现出一副得意扬扬、目中无人的样子，经常流露出对他人的不屑。有些父母甚至还会当着孩子的面，对他人品头论足、说他人不如自己等。孩子听到这些话后，就会效仿父母的言论，只看到自己的长处，嘲笑别人的短处。因此，为了让孩子低调一些，父母首先就要做谦虚的人。

榜样的力量是无穷的！父母是孩子的第一任老师，是孩子效仿的直接榜样。如果想让孩子成为受人欢迎的、谦虚的人，父母首先就要为他们做好表率。

要点四 鼓励孩子多跟自己做比较，实现自我成长

　　青春期的每个孩子都有自我成长的能力，而父母的过度关心和要求，容易让孩子的成长出现问题。对于孩子的成长，父母尽可能地让他们多跟自己做比较，才能将孩子的潜力更好地发挥和展现出来。在比较中，孩子就会看到自己有哪些进步、有哪些不足，之后加以改进，就能实现自我成长。

　　困惑的父母一：

　　儿子小黎小学时成绩很不错，升入初一后，成绩保持中上等水平。他平时学习还算刻苦，在学校遵守纪律，在家也比较听父母的话。

　　但是，升入初二后，小黎交了几个不爱学习的同学，对学习也放松了，名次一下子滑到中下游水平。妈妈很生气，批评了他，小黎却振振有词地说："比下有余就够了。"

不是最后一名就足够了吗？妈妈还指望儿子考取重点高中呢！

在孩子的教育问题上，很多父母都会遇到类似的情况：孩子喜欢与学习成绩不如自己的同学比，不喜欢与学习成绩比自己好的同学比。为了让孩子树立正确的竞争意识，父母就要通过正确的引导，让孩子与之前的自己多做比较，让他们在比较中不断取得进步。

困惑的父母二：

儿子小强今年15岁，平时酷爱体育，是学校的主力运动员。一次，学校举办了运动会。运动会结束后，小强兴奋地回到家中，告诉爸爸："今天长跑，我还是第一名，遥遥领先于其他选手。"

当爸爸问他用了多长时间时，他不好意思地挠挠头，说比上次慢了将近2秒钟。可是，小强又立刻说别管时间长短，成绩排名仍然是第一。爸爸倒认为小强跟自己上一次比，就是输了。

可是，爸爸不知道应该怎么做，应该怎么跟儿子沟通，才能令儿子拥有积极的进取心？

在孩子的成长过程中，父母不仅要鼓励孩子和外界竞争者比，更要鼓励他们跟自己比。青春期的孩子如果不懂自我比较，在成长的道路中就容易从优秀变得平凡。只有在不断的自我比较中，孩子才能实现自我进步。

方法一：让孩子客观地看待自己

青春期孩子不能客观地看待自己，甚至常常高估自己，是他自以为是的重要原因之一。平常只看到自己的长处，很少看到自己的短处，有时还高估自己，这样的孩子往往会变得自以为是。只有让孩子学会客观地看待自己，才能有效地改变他们自以为是的习惯。

方法二：让孩子学会自我反省

如果孩子确立了错误的竞争意识，父母不要急于纠正或进行教育，要将孩子的错误先搁置一边，等待时机成熟时再稍加引导，让孩子先进行自我反省。如此，不仅能让孩子养成良好的反思习惯，还能使父母与孩子之间实现有效的沟通。

引导孩子反思并改正自己的错误，比直接的教导效果要好很多。一旦发现孩子出现了问题，父母就要针对孩子的思想状况、错误类型进行启发式教育，逐渐培养孩子的自我反省能力。

第八章

正视青春期变化

——引导孩子走出性困惑，顺利度过青春期

引导一 变声、长喉结，不要慌

　　青春期是孩子向成人过渡的重要时期，在这一特殊阶段，孩子的身体会发生很大的变化。比如，从进入青春期开始，男孩的身高会在性激素的作用下迅速增长，肌肉开始变得发达，身体也会变得更有力量，同时还会出现第二性征，如喉结开始突出，开始变声，胡须也会悄然出现。这些都是青春期的男孩应该了解的，因此父母不用藏着掖着，要将相关的知识直接告诉他们。

　　困惑的父母一：

　　我儿子小穹最近总喜欢照镜子，并且处于恐慌的状态。我取笑他说："什么时候变得像女孩一样爱照镜子，跟她们一样爱美了。"

　　小穹辩解道："不要瞎说，我脖子上突然长了一个'小疙瘩'，真是让我烦透了。虽然不影响我吃饭、喝水，但是会不会发生病变？"

我听了儿子的话，先是笑了笑，然后用手轻轻地摸了一下他脖子上的喉结，问他："疼不？"

小穹摇摇头，说："没感觉。"

小穹说完后，我领儿子看他爸爸脖子上的喉结，并说："你摸摸你爸的脖子，跟你一样！"

"是吗？咦，真的呢！"小穹吓了一跳。

为了避免儿子的尴尬，我将相关的问题都交给了小穹的爸爸，毕竟他们都是男性，关于第二性征的话题应该容易聊一些。

青春期男孩的一个重要变化便是喉结的发育。喉是一个重要的发声器官，位于颈部，由软骨、韧带、肌肉和黏膜等组成。青春期男孩的喉结会凸显，甚至还会变声。关于这些知识点，父母要找机会直接告诉他们，让他们做到心中有数。

困惑的父母二：

我儿子小澄今年13岁。去年因为我调动工作，小澄不得不跟着我们转学到了另一个城市，他只得和最要好的朋友小唯分开。

有一天，小澄突然想起应该给原来的好朋友打个电话："喂，是小唯吗？我是小澄。"

"小澄？听声音不像你啊，你不会是叔叔吧？叔叔，是小澄让你给我打电话的吗？他在家吗？你让他跟我说话吧。"心直口快的小唯不相信打电话的就是小澄本人，因为处于变声期的小澄声音听上去像个成年男人。

"小唯，别开玩笑，我就是小澄。"小澄无奈地解释道。发现同学听不出自己的声音了，小澄感到无比苦恼，问我该怎么跟对方解释。我劝他说都是男生，直接跟对方说清楚即可。可是，儿子小澄似乎还有点不好意思。唉，现在的孩子啊！

处在青春期，男孩说话的声音会变粗且带点沙哑，他们会进入变声期。男孩一般于13岁开始进入变声期，15岁完全进入变声期，19岁以后就会喉结显著突出，声音彻底变粗。处于变声期的他们喉头、声带就会增长，声音会变得嘶哑、音域狭窄。

方法一：为男孩选一些青春期读物

目前，在中国的教育体制中，学校还没有专门针对青春期孩子的"性"教育课，这个艰巨的任务自然就落在了青春期孩子的父母身上。可是，如今很多父母依然抱有这样的观点：

"这些事情，儿子长大了，自然会明白！"

"给儿子直接讲性教育，这太难为情了！"

"男孩对性了解得越早，对他们越不好。"

......

对于传统的中国父母来说，让他们和青春期的儿子谈论青春期的发育问题，并不是一件容易的事。很多父母不是不好意思开口，就是不知道怎么开口。与其这样，不如直接给青春期的儿子买一些青春期读物。读物上的内容一般都很全，远比父母的讲解来得有效。

方法二：以过来人的身份解开男孩关于"身体的疑惑"

进入青春期，男孩会面临很多新的疑惑，如第一次遗精。由于对青春期身体变化了解得少，他们就会出现羞赧、猜疑和惊慌失措等状况。作为父母，应该多给青春期儿子解答他们身体的疑惑，尤其是同为男性的爸爸最好以过来人的身份和儿子讲讲青春期身体的变化，让他们正确地认识自己的生理变化。

引导二 身上长出胡须等绒毛时，不要恐惧

男孩在进入青春期后会长出胡子，是体内分泌出来的雄性激素造成的；而且，刚开始出现的胡子通常都比较稀疏，比较细，有种茸茸的感觉；同时，由于内分泌激素的作用，随着身形的长高、生殖器的发育成熟，女孩也会出现阴毛、腋毛等第二性征。因此，父母要引导孩子正确认识身体上长出绒毛的变化。

困惑的父母一：

儿子很嫌弃自己下巴上刚长出的"脏兮兮"的胡须绒毛，对此又是皱眉，又是摇头。那刚冒出来的胡子就像是长在他心里的刺，令他觉得别扭。有一天，经过洗手间的时候，我无意中听到儿子在自言自语："真丑，像个老头。怎么办？听同学说，可以用刮胡刀。可是，刮了之后，胡子会长得更快、更密，而且必须天天刮，否则很快就会长出茂密的胡子来。可是，这样留着像只老山羊，多

难看呀！胡子不能留，也不能让它长旺，只有一个方法：拔！"

听着儿子的话，我无奈地摇摇头。

刚刚步入青春期的男孩，对于初次到来的"胡须先生"，处理的时候很容易陷入盲点或误区，继而对自己造成伤害，因此父母要引导男孩对自己的胡须有充分的认识，并让他们掌握一定的保健常识，善待胡须。

困惑的父母二：

女儿小茜有一张洁白细腻的脸，令很多人都羡慕不已。可是最近她洁白细腻的脸上出现了一些不好的苗头——在人中处长出了很多细毛毛。小茜联想到爸爸的胡子，忙惊呼："哇，长胡子了！"小茜觉得很不可思议。我笑了笑，告诉她："你脸上长出来的不是胡子，只是体毛比较重，是青春期发育的正常现象。"可是小茜依然不相信，整天都担心自己长胡子，甚至还想用爸爸的剃须刀来刮。我告诫她这样做会越刮越多。针对这个问题，小茜特意到网上查了查才比较放心，搞得我有些哭笑不得。

青春期的女孩之所以会长出所谓的"胡子"，是因为体内雄性激素起的作用。因此，父母要告诉孩子，身体健康的女孩不仅会分泌雌性激素，也会分泌少量的雄性激素。在这些雄性激素的作用下，女孩的面部就会长出绒毛。

方法一：给孩子讲明白绒毛的问题

青春期的孩子已经有了美丑的观念，都想让自己长得漂亮或帅气一些，但是每当看着身上长出的毛毛，多少都会觉得不舒服。这时候，父母就要引导他们正确认识绒毛等问题。

方法二：做孩子的身体老师

青春期长出胡须、腋毛、阴毛、手脚上的毛发等，都是孩子的第二性征。如果孩子有了这方面的困惑，父母就可以当作验证对象，让孩子知道青春期的孩子都是这样的。

引导三 遗精是男孩长大的标志

　　遗精，又叫作梦遗、梦精，多数男孩在睡梦中都会发生。青春期的男孩也会出现这种射精活动，因此父母要引导男孩正确认识这一点。因为，这预示着男孩已经长大了。

　　困惑的父母一：

　　自从儿子升入初中后，我就开始关注他的身体发育状况。为了给儿子答疑解惑，我会找些资料给儿子看。这天，我在网上看到这样一段文字，是个中学生写的："昨天，我跟同学一起看了一部反映爱情的电影，看到男女主人公拥抱的镜头时，我居然发现自己也慢慢地脸红起来，我感到很羞愧。晚上睡觉，我还做了一个和电影情节相似的梦，梦见自己与一个漂亮女孩接吻、拥抱，还把她抱上了床……醒来后，我发现裤衩湿漉漉的、黏糊糊的。这到底是怎么回事？"

　　我知道青春期的男孩都会遇到这类问题，可是我该如何将这些问题直接告诉儿子呢？

　　进入青春期后，男孩都会遗精，这是一种正常现象。父母可以直接讲给他们听。同样的，在梦中男孩还会出现与性有关的梦境，如与异性嬉戏、亲吻、抚摸、拥抱等，因此父母也要引导男孩正确认识这一点。

　　困惑的父母二：

　　这几天，我发现儿子一直都郁郁寡欢的。在我的追问下，他跟我说自己遗精了，感到很难为情。看着儿子难为情的样子，我一阵心酸。儿子很懂事，学习很用功。对此我很安心，却忽视了儿子的青春期问题。我有些自责，如果我不常年在外出差，而是天天陪伴着儿子成长，相信儿子可能就不会被这些问题困扰了。儿子已经大了，我不知道该如何跟他解释，看着他晚上睡不着、白天上课无精打采的样子，我顿生一阵无力感。我该如何引导他呢？

　　遗精是青春期男孩发育的一个重要标志，是一种正常的生理现象。首次遗精之后，大部分男孩会变得紧张、羞涩、困惑和恐惧等，有的会感到焦虑不安。父母要适时教给孩子一些生理知识，将他们的焦虑和不良情绪及时化解。

方法一：告诉孩子遗精是长大的标志

通常，12岁以下的男孩很少会遇到遗精的烦恼，因为遗精现象往往发生在14岁以后。父母要让孩子用科学的眼光看待遗精，让孩子认识到遗精是一种正常的生理现象。如果孩子深陷其中而无法自拔，就要直接告诉他：遗精很正常，代表孩子已经长大了。

否则，孩子就会变得忧心忡忡，继而给自己增加精神负担。即使偶尔个别孩子真的属于病理性遗精，也有方法帮助其治疗，因此，父母千万不要听信别人的传言而遮遮掩掩，或是病急乱投医。

方法二：善于观察，发现孩子遗精的小秘密

面对遗精，很多男孩会感到羞愧，遮遮掩掩，从而给自己的心理带来很大的负担。当孩子升入初中之后，父母要多观察孩子，如果发现他们身体出现了小变化，就要及时为他们传授有关知识或答疑解惑。

引导四 乳房发育、来月经，不要觉得羞

青春期的女孩看到自己的身体悄然地发生着变化，就会生出一层困惑的迷雾。这些问题对女孩来说是神秘的，也是令她们羞于启齿的，如乳房发育、来月经等。作为孩子的第一监护人，父母有责任也有义务生动为孩子答疑解惑。

困惑的父母一：

平时在家里女儿小彤遇到任何问题，都会跟我们大人说。但是这几天小彤感觉有些不舒服，不敢告诉我，更不敢告诉她爸爸，只能自己忍着。很快，我发现了女儿的无措，问她原因时，她说自己的胸部最近总感觉有种轻微的胀痛，之前从来没有过，很难受，担心自己生病了。我让女儿脱掉衣服，检查了一下，发现并没有什么异样。联想到女儿说的症状，我才意识到女儿已经到了青春期，是时候给她普及一下女孩青春期的生理与卫生知识了。

进入青春期后，女孩的乳房开始发育，期间会出现一些轻微的胀痛感或刺痒感。这是乳房发育过程中的正常现象，过一段时间就会好转。父母一定要将这些知识告诉女儿。

困惑的父母二：

某天早上一起床，女儿小茹就尖叫起来。我赶忙跑到她的卧室，发现她的内裤上沾有血迹，地上还扔着一条带有血渍的内裤，一看就是刚换下来的。小茹似乎很害怕："妈，我是不是得了不治之症？"我一看就明白是怎么回事了，于是我决定跟女儿讲讲月经方面的知识。

进入青春期，女孩要经历月经。那么，该怎么告诉女孩什么是月经呢？父母可以这样告诉孩子：女性的子宫就像是一个房间，隔一段时间就需要打扫一下，因此子宫内膜的保护层每隔28天就会自动脱落排出，于是就有了月经。大部分女孩会在11~15岁经历第一次月经，以后就会逐渐规律。为了不让女孩恐慌，到了相关年龄，父母最好将相关的知识告诉她。

方法一：提前为女儿传授一些生理知识

青春期的女孩都会来月经。第一次来月经的时候，很多女孩都会感到惊慌失措，因为她们之前没经历过，即使听过相关话题，也只是一些浅显的认识。尤其是有些女孩还会出现痛经，会让她们感到恐慌。这时候，妈妈一定要发挥好自己的引导作用，将必要的生理知识直接告诉她，让她做好心理准备。当然，如果想让女儿了解得更清楚一些，还可以为她买些同类书籍，或者到网上找些相关资料给她看。

女孩进入青春期之后，父母要提前做好功课，为女儿传授一些青春期知识，如月经出现的时间、月经来的规律、月经的基本原理、月经期的护理等。

方法二：指导女儿正确认识乳房发育

在孩子成长的过程中，父母是孩子最好的老师。在任何时候，父母都有责任与义务帮助女孩形成正确的身体发育意识。同时，父母要引导女儿以平常心来对待自己的发育状况，并指导女儿穿上适合自己的文胸。同时，妈妈还要将文胸的正确穿戴方法手把手地教给女儿。

引导五 天下没有无痛的人流，女孩要学会保护自己

青春期的性行为，无论对男孩还是女孩，都有着莫大的吸引力。虽然家庭教育和学校教育对此都是严令禁止的，但是个别少男少女还是禁不住诱惑以至于偷吃了禁果。

困惑的父母一：

女儿正在上高三，正跟班里的一个男同学谈恋爱，据说两人已经恋爱了两年。两个多月前，两人没有采取任何避孕措施就发生了性关系。一个月过去了，女儿没有来月经。开始女儿也没有在意，因为她的月经一向不规律。之后，我发现了女儿的神情有点异样，问女儿怎么回事。待女儿据实相告后，我带她到医院检查。结果显示，女儿没有怀孕。就这样，我悬着的一颗心才放下来。同时，我给女儿讲了青春期偷尝禁果的危害，并告诉女儿要学会保护自己的身体，这样才能免受伤害。

青春期的男生和女生之间出现早恋，或者经不起诱惑，或者情之所至，从而在个别男女之间发生性行为是有可能的。如果发现孩子确实已经恋爱，父母就一定要告诉自己的女儿：不要在没有做好防护的情况下发生性行为，更不能为了满足好奇心而跟对方发生性行为。否则，只会伤害自己。

困惑的父母二：

女儿小涵正在上高二。最近听说他们班上有同学在谈恋爱时，我提高了警惕，问她有没有喜欢的男孩。当她说没有喜欢的男生时，我不太相信，因为我女儿长得很好看，性格也很好。经我再三询问，女儿才直言不讳地告诉我，她确实有个男友，是他们班长。为了找到解决女儿因早恋而引发可怕问题的方法，我开始查找资料，于是一则则因发生性行为而怀孕的高中生案例进入我的视线。我很担心女儿，越想越害怕，想跟女儿沟通一下，可是我该怎么说呢？我又担心自己跟女儿沟通了，会让女儿认为我不相信她。真是为难啊！

很多青春期的孩子之所以会偷尝禁果，就是因为父母的一再禁止。因为很多父母只是禁止孩子，但没有向孩子讲明禁止的原因，或者没有讲明过早进行这种行为对身心健康带来的伤害，所以孩子自然就会放松警惕。如果孩子跟父母对着干，情况就更糟糕了。

方法一：及早对孩子进行性教育

在家庭中，如果父母不主动与孩子进行性方面的沟通，孩子很少主动向父母提起这个话题。而且，孩子年龄越大，沟通越难进行，更不愿向父母敞开心扉。为了不发生令自己后悔的事情，父母最好提前对孩子进行性教育，引导他们正确认识性行为。

当得知女儿有了早恋行为时，妈妈就要及早地对女儿进行性教育，让女儿认识到过早进行性行为的危害，教女儿在遇到不合理的要求时断然拒绝对方，有效地保护自己。总的来说，父母一定不要对性教育讳莫如深，否则，虽然可能会避免一时的尴尬，但有可能会搭上孩子一辈子的幸福。

方法二：告诉孩子异性交往的分寸

青春期的孩子有与异性交往的渴望，这种渴望源自人类的本能，无法扼制，也不能放纵。由于异性交往毕竟不同于同性交往，存在一些不安全因素，父母对此必须重视起来。要想减少对孩子的伤害，父母就要从一开始就引导孩子把握好与异性交往的分寸。

不可否认，大多数的异性交往都是正当的、安全的，但对一些存在潜在危险的情况，父母一定要及时提醒孩子注意与异性交往的分寸，以免孩子受到伤害。

引导六 疏导青春期孩子的性幻想

在成长的过程中，每个人或多或少地有过这样的烦恼和体验：幻想自己与爱慕的异性花前月下、卿卿我我，发生种种浪漫的"故事"。可是，有些孩子对此产生了罪恶感，认为自己思想很下流；有的孩子努力克制自己不去想，可总是控制不住自己的思想和行为，甚至为此影响了学习，痛苦万分。其实，这些都是青春期性幻想的表现。

困惑的父母一：

小嘉虽然没有想与女孩过度亲密，但有的时候，正在看电视时，就会幻想着自己和心爱的女孩拥抱在一起，彼此亲吻，甚至还会在想象中与女孩做出逾越雷池的举动。

尤其是每天晚上做完作业，洗漱完躺在床上的时候，小嘉的思绪更是天马行空。在这样的想入非非中小嘉明显感到自己的内心躁动不安。久而久之，小嘉每次一看到年轻女孩内心就会躁动，他觉得自己非常下流，甚至都不敢直视女孩了。这种心理压力严重影响了小嘉的学习，从而在上课的时候经常走神。明知道自己这样想不好，他偏偏控制不住自己，这让他非常苦恼和纠结。

性幻想是正常心理活动的一个组成部分，适度的性幻想可以缓解青春期孩子性欲望与现实之间的矛盾。但万事皆有度，无休止地沉溺于性幻想，不仅会影响学习，还会影响孩子的正常交往。为了孩子的健康成长，父母一定要重视这个问题。

困惑的父母二：

前阵子儿子跟我聊起了自己的事：一天，他去一个同学家里玩时，发现同学家书架上有很多书。于是，他就随便翻翻。当看到书架上有一本人体摄影画册时，他便好奇地拿起来翻看。当看到几张女人裸体的照片时，他的脸瞬间红到了耳根。听到同学从卫生间里出来，他赶忙把画册放回书架，假装若无其事地翻看其他书，但心里久久难以平静。从那时起，独处一室或晚上躺在床上时，他都会不由自主地想到那几幅裸体画像……既然儿子能将这件事告诉我，我知道他是信任我的。可是我该如何引导他呢？

进入青春期的孩子对异性产生好奇、早恋、性幻想等是无法回避的问题，也是孩子青春期正常的现象。父母如果假装不知道这回事，不跟孩子沟通这方面的事情，而是听之任之，孩子就会发生严重的身心问题，给孩子的成长和家庭带来不好的影响。

方法一：多给孩子讲些生理卫生知识

进入青春期后，随着性器官的逐渐成熟，孩子的心理也会发生微妙的变化，不仅对异性开始产生亲近的意识，还对两性的奥秘比较好奇。

有些青春期的孩子认为性冲动、性幻想是可耻的，一旦出现这种情况，他们就会自责或产生恐惧感和罪恶感，如此必然会严重影响他们的生活、学习和交往，甚至会影响他们今后的性心理。因此，父母一定要和孩子及时沟通，多给他们讲些相关的生理和心理知识。

方法二：多让孩子参加丰富多彩的活动

随着第二性征的出现，孩子更加关注自身的性别角色和与之相关的形体特征，男孩希望自己英俊、高大，具有男子汉气质，女孩希望自己漂亮、苗条，温柔可人。同样的，他们也会在心理描摹心仪的异性形象，继而在梦中也会出现。为了疏导孩子的性幻想，父母就要多让孩子参加丰富多彩的活动，如远足、野餐、比赛等，分散他们的注意力。

第九章

"流行"的不一定是好的

——多方引导，让孩子树立正确的审美观

原则一 "拉帮结派"时，要确定自己的择友标准

青春期是人生的"危险期"，这个年龄段的孩子不谙世事，自控能力差，感情丰富，敏感脆弱，渴望独立又有很强的依赖心理，受到来自家庭和学校的压力时就会产生自卑感、压抑感。为了寻求解脱，实现自己的价值，青春期的部分孩子就会结为帮派。为了杜绝这种现象，父母就要引导孩子明确自己的交友标准。

困惑的父母一：

看到上初二的儿子整天都和学习不好的孩子在一起，我很不高兴。我想让孩子多跟学习好的孩子玩，可是我儿子认为学习好的孩子只知道啃书本，还质问我他的朋友坏在哪儿。儿子还说他们都很讲义气，当他受到欺负时，他们还会替他"出气"。发现儿子已经从这些朋友身上得到了"益处"，我知道一味地劝说肯定无效。但是，我又想让儿子离这些孩子远一点，我该如何做呢？

作为成人，我们都知道"义气"的含义，但青春期的孩子涉世不深，无法真正理解。刻意地讲究"哥们儿义气"，只会越来越快地把孩子拉入错误的深渊。因此，父母要引导孩子学会正确交友是十分必要的。

困惑的父母二：

有一天，我在收拾儿子房间时，在垃圾桶里发现了几张废纸，上面都是没有成文的"帮规"。难道儿子拉帮结派了？我意识到问题的严重性，当天晚上就跟儿子进行了沟通。儿子直言不讳地说："上周我们13名同学在餐厅为一名同学庆祝生日，由于小张同学经常受人欺负，为此我号召大家成立一个帮派，大家一致赞同。这几天，我正在草拟帮规呢……"

听了儿子的话，我有些想笑，但也意识到了问题的严重，因为他们并不像是在过家家，而是确实这样做了。我劝导儿子不要组建帮派，要以学习为主。可是，儿子居然不理我，甚至还认为我们大人平时都顾不上管他，有同学罩着的感觉多好！面对这种状况，我真的不知道该怎么办了。

近年来，中学生"帮派"日益增多，范围不断扩大，这种现象对社会和孩子自身的成长都会造成巨大危害。"帮派"成员一般都"志趣"相同，一旦结成规模稍大的团体，实施"打斗、抢夺"

等违法犯罪的行为，性质就更恶劣了。因此，父母一定要重视这一点。

方法一：让孩子通过正当途径证明自己的价值

有些青春期的孩子之所以要建立或加入帮派，主要是为了实现和证明自己的"价值"。为了让他们的重心发生转移，父母可以把孩子的当前状况和他们的远大前途结合起来，让孩子通过学习等有意义的事情来证明和实现自己的价值。

方法二：采用迂回战术，尊重、激励、引导孩子

青春期的孩子大都年少不懂事，很容易建立或加入帮派。这些孩子本质上并不坏，但由于种种原因加入了帮派。由于青春期的孩子具有很强的逆反心理，如果父母采取粗暴措施进行干预，很容易让他们在这条路上越走越远。因此，父母要给孩子足够的尊重、激励和引导，从而让他们改邪归正。

原则二 可以去追星，但是别人的成功不能复制

青春期的孩子喜欢追星是一种正常现象。这个阶段，孩子在思想上有了更强的独立性，希望获得社会认同感和归属感，而这种认同感和归属感往往会通过模仿偶像来实现。作为父母，我们要理解孩子的这种行为，但也要告诉孩子：可以追星，但要保持理性。

困惑的父母一：

14岁的女儿迷恋上了某知名男星，整天在家里听他的歌，还会不分场合地哼唱。后来，她还向我要钱买这名男星的专辑、杂志、招贴画。女儿的书桌上、手机上，甚至课本背面，都贴满了该男明星的图片。近一段时间，电视里播放他主演的电视剧，她更是废寝忘食地观看不停。看到这个情形，我嘲笑她："一个小女生，竟然喜欢一个中年大叔，真的是少见。"听了我的话，女儿说我亵渎了她的偶像。面对这样的孩子，我应该如何教育她正确追星呢？

发现孩子追星，父母不必强行阻止。每一代人都会有每一代人的偶像，我们小时候不是也迷恋过英雄人物吗？因此，父母可以适当地允许孩子追星，但为了防止孩子误入歧途，还要对孩子进行合理的引导。

困惑的父母二：

儿子小均非常喜欢某位歌星，不仅喜欢听他的歌，还喜欢他演的电影。不仅如此，生活中小均也被这位歌星"包围"了：和这位歌星做同一款发型，穿带有他头像的衣服，甚至模仿他的动作和说话的方式，整个人似乎都被他同化了。看到儿子这种现状，我有点担心他了。

青春期的多数孩子都会在心中藏着一个偶像，有的是明星，有的是歌星，有的是书中的某个人物……既然是偶像，肯定有值得孩子肯定的地方。对于孩子的这种追星行为，我们要做出正确的引导。

方法一：引导孩子理性追星

处于青春期的孩子热衷于追星、崇拜自己的偶像是一种正常现象，因此父母不能一味地禁止或粗暴地干涉。追星这种行为本身并非一无是处，它可以激发孩子的拼搏精神，甚至可以转化为孩子学习的动力。当然，这种行为本质上属于一种娱乐，自然也可以让孩子放松身心。但由于青春期的孩子心理发育还不够成熟，性格也具有很强的可塑性和不稳定性，所以父母对孩子的追星行为要进行合理的引导，让孩子健康、快乐地追星。

方法二：帮助孩子明确应追之星

从一定程度来说，孩子的追星行为不是一件荒唐的事情，正好说明他们正在努力寻找自己人生道路上的发展目标。那些偶像可能就是他们崇拜、追求的最佳典范，当然也可能是他们在思想和目标之外的投射。因此，面对这种情况，明智的父母都会帮孩子明确应该追哪些"明星"。

父母要帮助孩子明确自己要追求哪种类型的明星，可以带孩子认识更多的英雄，让孩子认识并了解更多的科学之"星"、文化之"星"、英雄之"星"、劳动之"星"。

原则三 穿名牌只是外表，不能陷入"名流幻想"里

青春期是孩子人格发展的重要时期，在这一时期，每个孩子都要与他人交往，与社会接触。在这个过程中，难免会有大量的负面信息输入孩子的大脑，使孩子出现不良行为，如为了追求名牌而陷入"名流幻想"。因此，父母一定要告诉孩子：名牌只能显示出一个人的外表，内在修养的提高才更重要。

困惑的父母一：

儿子正读初二，学习成绩不好，排名位于班级后几名，也没有上进心。儿子在吃、穿、玩、乐等方面处处想追求最好的，非名牌不穿，否则他会觉得自己没脸去学校。平时只要一出校门，儿子就把外面的校服脱掉，露出里面的名牌衣服。

请问，我该如何引导他呢？

名牌产品代表着新时尚、高质量、高科技，折射出青春期孩子追求时尚的心理特征。青春期的孩子渴望建立良好的同伴关系，希望得到同伴的认可，一旦周围的同伴都追求名牌，那么在攀比心理的作用下，他们就会爱上名牌。因此，父母需要跟他们说明的是名牌不是不能穿，但不能沉浸其中。

困惑的父母二：

儿子15岁，自从升入高中后，我发现他变得有些喜欢攀比了。暑假我带他去商场买球鞋时，他看上一双漂亮的篮球鞋，非要买下来，并且说班上很多同学都有一双名牌篮球鞋。

我觉得儿子长大了，不想伤害他的自尊，就帮他把那双鞋买了下来。没想到，随后儿子不只鞋子，衣服也要买名牌。我们家的家庭条件一般，根本就满足不了儿子三天两头索要名牌服饰的情结。我本想说说儿子，但又不知道怎么开口。

请问，我该怎么办？

青春期的孩子自我意识明显增强，会通过名牌的服饰和夸张的配饰和发型等来获得别人的关注，这一点与很多名牌宣传的理念不谋而合。名牌契合了青春期孩子的心理诉求，自然会受到他们的追捧和喜爱。面对孩子过分追求名牌的行动，父母一定要对孩子做好引导。

方法一：引导孩子"物质"上和最差的比

对于青春期的孩子来说，跟同学进行物质上的攀比，是一件非常糟糕的事。如果孩子在虚荣心的驱使下，跟家庭富有的比吃、比穿、比消费，很容易产生巨大的落差感，也会对父母提出更多的无理要求。当父母不能满足他们的物质要求时，他们可能会走上错误的道路，甚至毁掉一生。因此，父母要引导他们与和自己物质条件相当的同学比，才是明智的。

如果父母能够引导青春期的孩子多看看那些比自己生活条件差的人，孩子就会体会到自己在物质上的优渥和幸福。比如，引导孩子观看一些贫困地区的新闻报道和图片，节假日带他们去体验"苦日子"，鼓励他们多参加捐助福利院的公益活动等。

方法二：对孩子进行节俭教育

习惯于攀比的孩子很容易养成奢侈浪费的不良习惯。因此，父母不仅要通过自身的榜样作用来影响孩子，还要对孩子进行系统的节俭教育，用具体行动规范来约束孩子的行为，使之养成勤俭节约的习惯。

比尔·盖茨认为，让孩子拥有不劳而获的财富，对处于人生起跑线上的子女来说并不是好事，让他们获得自食其力的能力和勤俭的精神最重要。因此，父母要将自食其力的能力和自立自强的精神教给孩子。

原则四 告诉女儿青春期节食减肥危害大

爱美是人的天性，女性似乎对这个天性保持一种持久的信仰。于是，为了美，她们想方设法、绞尽脑汁，制订了种种方案来变美丽。而减肥理所当然地被作为变美的首选。青春期的很多女孩也是如此。为了减肥，吃减肥药的有之，跑步的有之，不吃饭的有之……青春期的孩子正处于身体发育的重要阶段，父母一定不要让女孩过度节食减肥。

困惑的父母一：

女儿小鹃即将升初三，在这个紧要关头她的同学最担心的就是学习成绩，升学压力巨大。可是，小鹃却被另一个烦恼缠住了，那就是肥胖。

为了让自己苗条起来，小鹃决心减肥。她给自己制订了一些减肥计划：不吃主食，只吃水果；每天晚上进行长时间的跑步运动。

同时，她还背着我用自己攒的零用钱买了减肥药吃。一个月后，小鹃惊喜地发现自己的付出有了结果，体重减轻了将近20斤。可是，她却变得面黄肌瘦，经常感到头晕。我怀疑她生了病，打算带她去看医生时，女儿小娟才说出了实情。听说女儿在节食减肥，我简直是欲哭无泪。她才多大呀，就开始这么疯狂地减肥！

和小鹃一样的孩子很多，为了让自己瘦下来，他们会选择节食、吃减肥药等方法。但是，对于这些类型的减肥方式隐藏的危害，孩子通常无法意识到。这时候，就需要父母的引导和教育了。

困惑的父母二：

小梦虽然是个中学生，但模样还像个小孩子，虽说人长得胖乎乎的，但个头不高，周围的人都把她当作小孩来看待。有些调皮的男生甚至还会当着她的面喊她"小胖妞"。

小梦对此又羞又恼，开始有意识地节食，拼命地减肥。两周下来她虽然瘦了一点，但脸色苍白，身体发虚，学习效率明显下降。知道女儿的情况后，妈妈十分生气。

长期节食减肥，孩子的消化系统器官和组织就会退化萎缩，消化腺分泌的消化液也会减少，会引起严重的消化不良。久而久之，会形成厌食—消化不良—吸收不良—厌食的恶性循环。因此，父母一定要将节食减肥的危害告诉孩子，不要让他们在青春期随便节食减肥。

方法一：正确引导孩子科学饮食

无论从哪个角度来说，人体所需要的各种营养都要靠膳食来提供。处于青春期的孩子在饮食上更需要荤素搭配，保证营养摄入的均衡，为长身体做好保障。

方法二：让孩子参加运动，健康控制体重

青春期肥胖不仅会影响体形，更会导致成人期肥胖病、高血压、冠心病、糖尿病等。因此，父母要想帮孩子控制体重，就要鼓励他们多参加运动。

对于青春期的孩子来说，最好的减肥方法就是运动，通过合理的运动，实现身心健康。因此，在引导青春期的孩子减肥时，一定要给孩子制订一份科学的运动计划。

原则五 告诉儿子抽烟、打架、文身的行为并不酷

如今，处于青春期的孩子大多是独生子女。他们在长辈的百般呵护和溺爱中长大，追求个性、自由，比较任性，总会做出很多让父母头疼的事情，如有部分男孩开始抽烟、打架和文身。如果孩子出现了这些情况，父母就要进行正确的引导了。

困惑的父母一：

儿子小彬今年14岁，读初中二年级，长得比较高，身体也很强壮，性格也比较开朗、活泼。他学习成绩不错，人缘也很好，在我们家长眼中几乎没什么缺点。可是有天上午，当我为儿子小彬洗上衣时，在他的上衣口袋里发现了一包没有抽完的烟。我该怎么办？

青春期孩子心理上的成人感，使他们迫切地想要展示自己的成人特征，比如，他们认为吸烟是成熟的标志，吸烟才显得有个性、

与众不同。尤其是部分男孩更会认为吸烟就是"男子汉"的象征。因此，一旦发现孩子吸烟，父母不要慌乱，要进行合理的引导。

困惑的父母二：

我儿子和小彰是中学同学。平时两个人关系不错，后来因为一些琐事他俩产生了矛盾。我儿子觉得自己很受委屈，在一些同学的怂恿下，在放学的路上动手打了小彰几下，然后快速逃跑了。小彰追赶不及，怀恨在心。两天后，小彰找准机会在放学路上还了我儿子几拳。我儿子慌乱躲闪之际，不小心碰到了一个骑自行车的老人。最终老人摔倒，辛亏没出大事。现在想想都后怕，要是将老人弄伤了，事态该多严重呀！

青春期的孩子正处于精力旺盛且性情冲动的年龄，男生之间偶尔出现打架、闹矛盾是很正常的。那么，为什么男生更爱打架呢？通常，这时期的男孩比女孩具有更强的攻击性，同样的一件事情发生在女孩身上，可能会通过语言来解决，而男孩更倾向于用武力来解决。

方法一：处理矛盾时，遵循"友情第一，公平第二"原则

在处理孩子打架的问题上，有的父母总是希望公平，以此获得心理平衡。其实，孩子之间的打架，很难说得清谁对谁错。再加

上，每位父母都有自己的公平标准，且这个标准很难达到统一。所以，在处理孩子之间的冲突等问题时，父母应当遵循"友情第一，公平第二"的原则。

方法二：戒烟、戒酒要从爸爸开始

处在生长发育时期的孩子，心理和身体都还没有发育成熟，身体各器官对酒中的有害物质极为敏感，因此喝酒带给他们心理、生理的不良后果要比成人严重得多。因此，父母要给孩子做出表率，用自己良好的生活习惯去影响自己的孩子。也就是说，如果想让孩子远离烟酒，父母首先就要戒烟、戒酒。

第十章

网络是把双刃剑

——青春期的孩子爱网络，但不痴醉、不沉迷

应对一 孩子沉迷网络游戏时，将他的兴趣及时转移

沉迷于网络游戏，不仅会影响孩子的日常生活，还会导致孩子精神萎靡不振，学习成绩下降。到了一定程度，还会引起孩子一些生理上的不良反应。比如，产生精神依赖、自主神经功能紊乱、体内激素水平失衡、免疫功能降低，引发心血管、肠胃神经功能性疾病等，严重的甚至还可能导致死亡。鉴于沉迷网络的危害如此之多，父母一旦发现孩子喜欢上了网络游戏，就要快速调整策略，将他们的兴趣转移到其他事情上。

困惑的父母一：

我儿子小语今年读高三。高一时，他开始接触网络游戏，至今已有两年多的网游经历。中考前的半年时间，他发奋读书，废寝忘食，终于考上了重点中学。想起考试之前的一百多个日日夜夜，他上高中后如释重负，感觉终于可以放松一下了。于是，在同学的介

绍下，他接触了一款游戏，并试着玩了几次，谁知一发不可收拾，很快就上瘾了。之后，经常泡在网吧，一放学就往网吧跑，甚至个别时候他在网吧一熬就是一个通宵。我感到很无奈。如何才能引导他摆脱网瘾呢？

网络游戏是一种现代娱乐项目，一进入市场就受到了孩子乃至成人的青睐，其吸引人由此可见一斑。空闲时间孩子玩玩网络游戏本无可厚非，因为玩游戏可以使孩子从中学到一些知识，还能锻炼思维力和创造力。不过，如果孩子沉迷于网络游戏，甚至成瘾，父母就要严肃对待了。

困惑的父母二：

小杰今年15岁，平时酷爱网络游戏。每天下午一放学，他就会像一匹脱了缰的野马一路狂奔到家，冲向他的电脑开始尽情地玩网游。直到我叫他吃饭，他也只是依依不舍地离开电脑一下。有一次，吃过饭我让他回房间复习功课。他却趁我不注意把房间的门反锁，再一次沉浸在游戏的海洋中。我感到很无力，该如何引导他呢？

借助电脑和互联网，孩子可以更便捷地学习，开阔视野；在学习乏味时，也可以玩一些益智小游戏来放松一下大脑，这是无可厚

非的。但如果孩子毫无节制地依赖并沉浸在电脑网络游戏，就会使
大脑得不到充分的休息，必然会影响学习。

方法一：让孩子一次玩个够，释放他的欲望

青春期的孩子之所以会沉迷于网络游戏，主要是因为他们对网
络游戏有很强的欲望。如果这种欲望被压制，就会增强他们的叛逆
心理，促使他们想尽一切办法来达到目的，有时甚至会不择手段。
所以，对于还没有对网络游戏达到痴迷程度的孩子来说，父母可以
让他们偶尔一次玩个够，让孩子适当地释放一下对网络游戏的欲
望。当大人放手对他们不管不问，甚至"支持"他们玩个痛快时，
过足了游戏瘾，孩子反而会对游戏失去兴趣。

方法二：沟通是预防青春期孩子沾染网瘾的好办法

青春期上网成瘾的孩子有一些共同特点，他们一般都性格内
向、不善交际、情感淡薄，与父母的对抗情绪特别强烈。要想改善
这种情况，最有效的办法就是父母加强与孩子之间的沟通。因此，
父母要养成每天与孩子沟通的习惯，多跟他们聊些孩子感兴趣的事
情和关注的事。只有与孩子保持畅通无阻的沟通，孩子才会顺着父
母的正确指引，回归到正确的成长路线。

应对二 提高孩子判断力，引导孩子慎重对待网友

面对孩子结交网友的问题，父母不要草木皆兵。首先，网友也是人，也分好坏；其次，对方能和自己的孩子相谈甚欢，说明他们之间有共同语言。因此，父母要做的不是一味地禁止孩子结交网友，而是要教会孩子分辨和识别网络上的好人与坏人，慎重对待网友。

困惑的父母一：

最近一段时间，我发现儿子好像有些不正常。有一天，我到儿子房间给他送水果时，看到他没有在写作业，而在和朋友网上聊天。我看了一下头像，对方是个女生。我问儿子是不是网恋了，儿子说不是，只是一个谈得来的朋友，认识还不到半个月。

虽然儿子承认了，但我莫名地担心。当初，给他买电脑是为了他学习方便，没想到他竟然整天和网上的女生聊天。一气之下，我就拔了网线。儿子觉得很委屈，就和我吵了起来。结果，靠着我

的训斥和数落，儿子只能乖乖地写作业。我本以为这件事情到此为止了，接下来儿子会安心学习。谁知他又跟那个女网友偷偷地聊上了。可能是被我逼急了吧，儿子居然说要跟和那个女网友见面。请问，我该怎么引导他呢？

青春期的孩子本来就有着较强的逆反心理，甚至还会用极端的方式来表达自己对父母的不满。越是被禁止做某件事，他们就越会跟父母对着干。在青春期的这一阶段，在很多孩子眼中，网友甚至亲过家人。如果大人诋毁或否定他们的网友，孩子就会不乐意。因此，面对孩子结交网友的行为，最好的办法就是引导孩子提高判断力。

困惑的父母二：

我女儿小芸今年15岁。由于我们夫妻俩工作都比较忙，没有太多时间关心她，她最近迷恋上了上网，整天拿着手机上网。玩小游戏的时候，她又加了几个网友。有个同城男孩经常和她在网上聊天、玩游戏。时间长了，两人之间竟然有了相互依恋的感觉。一天不和对方聊天，小芸就感到难受。有一次，女儿经不住那个男孩的诱惑，与他见了面，并被男孩抢去了手机和钱财。事情发生后，男孩就消失了，他的QQ头像再也没亮过，电话也关机。当女儿将这件事告诉我的时候，我一下子震惊了！

由于内心感到孤独，小芸很快便在网络中找到了情感的依托。当网友给她关爱的时候，她自然而然地就深陷进去，无法自拔。可是，结局让她深受其害，令她追悔莫及。对于这样的情况，父母一定要引以为戒。一定要引导孩子擦亮眼睛，提高对网友好坏的判断力。

方法一：多与孩子沟通，多关注孩子的生活

很多青春期的孩子之所以会沉溺于网络聊天，主要是为了排遣生活中的空虚和孤独，尤其是女孩。女孩喜欢通过网络聊天来获得更多的满足感和安全感。因此，要想将沉溺于网络中的孩子从网络陷阱中拉出来，父母就要多关注他们的生活，防微杜渐。同时，父母一定要多给孩子一些关爱，让他们将自己的情感依赖主要投射在家庭和学校中。

方法二：提高防范意识，教授孩子正确的聊天方法

网络是把双刃剑，利用得合理，它就能很好地为我们服务；倘若利用不好，它就会让我们受到伤害。对青春期的孩子而言，杜绝孩子上网聊天不是一种科学的方法，教导孩子合理地利用网络聊天工具，充实自己的生活，教孩子正确地使用网络手段来学习和交友才是良策。

应对三 别让孩子成为网恋的牺牲品

青春期的孩子，尤其是女孩很容易遭遇网恋，甚至受到伤害。遇到与自己谈得来的网友，他们就会放松警惕，沉溺其中。网络世界是虚幻的，在不知道对方真实情况的时候，与对方网恋很容易令孩子陷入危险之中。因此，父母一定要引导孩子，不要让他们轻易走进网恋的禁区，更不要成为网恋的牺牲品。

困惑的父母一：

考虑到平时儿子小彰学习已经够累了，想着让他松口气，整整一个寒假我们几乎对他放任不管。小彰表现得不错，每天在家除了写作业，就是上网。看到儿子这样乖，我们感到很高兴。然而，我渐渐地发现儿子似乎太依赖网络了，有好几次连我回家进门他都没有注意到。而且每次叫他吃饭时，他才讪讪地从房间出来。接下来的几天我开始留意儿子，并最终发现了端倪。原来儿子在QQ上遇到了一个女孩，两人聊得火热，越聊越投机，居然发生了网恋。一个13岁的孩子，居然早恋，而且还是网恋。这让我不知所措。当我问他对方的具体情况时，儿子说对方已经上班，是个幼师。不管对方是不是真有其人，我也决定要跟对方见见面了。

目前，在青春期群体中，网恋的人数越来越多，陷入网恋困惑的案例也越来越多。网恋是基于好感和好奇的基础上萌生的一种情愫，并且网恋对象往往是与孩子聊得来、甚至很投机的人。总的来说，父母要了解网恋的特点和孩子心理上的需求，有效地引导孩子。

困惑的父母二：

一段时间，我发现一向爱玩的儿子小帆变得不爱出门了。他经常在网上聊天，结交了不少网友。这让我的警惕性提高了不少。暑假里的一天，小帆跟我说要和同学一起到四川旅游。考虑到旅游能开阔孩子的眼界，增长他的见识，我便同意了。但我始终放心不下，总觉得小帆旅游是假的，见网友才是真的。

为了防止发生意外，我便严禁小帆去车站。没想到我的做法让小帆恼羞成怒："我就是想见网友，怎么了？"于是，我决定跟儿子一起去见见他的网友。可是儿子不同意，说我不尊重、不信任他。我哪里不信任他，而是不信任他的网友。我难道做错了吗？

如今，网恋已经是青春期孩子中间的一种时尚，甚至有些孩子还下了这样的论断："谁不'网恋'谁就是'土老帽'。"网恋就像是温柔的陷阱，吸引了青春期孩子的目光，让他们深陷其中，难以自拔。遇到这种情况，父母一定要对孩子进行正确的引导。

方法一：正确引导孩子，使之走出网恋的误区

要想引导青春期的孩子不陷入网恋，就要让他们上网时把握好尺度，不能沉迷，不能过分依赖网络，更不要把情感完全寄托在网络上或者某个网友身上。应以平常之心与人交往，时时刻刻检讨自己。同时，父母还要让孩子知道，网恋对其身心的发展极其不利，不仅会引发人际关系障碍，还会令孩子患上网络孤独症、网络成瘾症等，更会造成人际关系信任危机等。

方法二：引导孩子目的明确地上网

要想让孩子远离网恋，就要引导他们带着明确的目的去上网。同时，父母还可以对孩子的上网活动做出规划，如学习、游戏、娱乐等，也可以给孩子布置一些任务，如下载歌曲、资料、图片等。同时，还要对孩子进行正面引导，让他们远离网站不良诱惑，使孩子形成健康的审美观念，理智处理上网娱乐与上网学习的关系。

应对四　孩子若上色情网站，需要积极正确的引导

网络内容鱼龙混杂，为了牟取经济利益，有些商家想尽各种办法吸引大众的眼球，包括通过传播一些色情、淫秽内容来获利。青春期的孩子自制力本身就比较弱，很容易被无孔不入的情色内容所吸引，甚至误入歧途。一旦发现孩子有这些苗头，父母就要提高警惕了。

困惑的父母一：

我儿子小钦今年14岁，正在上初二，学习成绩很好，比较听话，就是性格有些内向，不善交际。某天深夜，我发现儿子的房间好像有灯光在闪动。于是，我从门缝向里看去，发现儿子似乎在对着电脑手淫。为了弄清楚原因，我当时并没有声张。第二天我查看儿子的电脑后，发现儿子早就破解了上网密码。更可怕的是，他的上网记录里有很多链接都是黄色图片和黄色视频。难道儿子学坏了？

现如今黄色文化充斥着网络世界的每一个角落，色情信息一直被称为"网络毒瘤"，严重危害着网络的健康发展，甚至正在伤害青春期孩子的身心健康，更是引起诱发性犯罪的重要因素。因此，作为未成年人的保护者，父母必须帮助和引导孩子摆脱"黄色诱惑"。

困惑的父母二：

晚上应酬完回家，孔先生发现16岁的儿子还在房间里上网，便推门进入。儿子看到有人进来，慌慌张张地想要关电脑。孔先生快走几步，看到电脑屏幕上的画面，不禁倒吸一口冷气，儿子正在看一部情色电影。孔先生夺过儿子手中的鼠标，关闭了视频，并伸手给了儿子一巴掌。他有点困惑了，该如何引导儿子正确面对网络上的色情信息呢？

孩子之所以沉溺于网络色情，不是因为孩子道德败坏，而是因为家庭教育的缺失和青春期的发育。这时候，如果父母给孩子扣上"道德败坏"或"不争气"的帽子，就会严重地伤害孩子的自尊，甚至对孩子性格的成长造成不良的影响。

方法一：理智沟通，让孩子通过正确的途径了解性知识

如果孩子对相关内容感兴趣，首先要对孩子的行为表示理解和

尊重，但是要提醒孩子通过正确的途径来了解这些内容，把它当作一门知识而不是娱乐形式。由于青春期孩子的好奇心都很重，父母完全可以找些资料让孩子看，当孩子知道是怎么回事之后，他们也就没有兴趣了。

方法二：加强孩子的思想道德教育，引导其健康上网

网络对于青春期孩子具有双向的影响，父母不能因噎废食，不能因为网络存有潜在的危害性就粗暴地切断孩子与互联网的联系，毕竟大多数孩子是因为自控能力差而被黄色文化污染的。

如果想引导孩子健康上网，就要加强孩子的思想道德教育。对于孩子接触网络，父母应该以开放的态度教育孩子，然后努力提高孩子的自控能力，要在孩子接受网络科技知识的同时强化他们的道德意识，加强对他们的道德教育，不要让他们在网络世界中迷失了方向。

应对五 孩子热衷上网，引导孩子文明表达

现今，网络语言已经广泛地出现在聊天、论坛、E-mail等各种互联网应用场合，并渗透到我们的生活中，对青春期孩子的生活、学习产生了越来越深的影响，以至于很多孩子将网络语言运用在口语甚至语文写作中。但网络语言毕竟不是正规的语言表述方式，只是语言的一种"变体"，长期使用或过多使用，只会让孩子忘记正确的字形和字音。孩子偶尔说说本无可厚非，如果总是这样表达和写作，父母就要重视了。

困惑的父母一：

某天晚上我无意中看到14岁的儿子写的一篇日记："昨天，在外地上班的gg（哥哥）回来，给我带了很多好东东（东西），都系（是）偶（我）非常稀饭（喜欢）的。虽然有些山寨货，但是偶（我）还是很高兴……"

　　我当时没有看明白，让儿子解释。儿子解释完之后，接着说这是他用网络语言写成的日记。难道如今青春期的孩子都是这么用网络语言表达自己的吗？

　　网络语言是伴随着网络的出现而产生的语言，因简单有趣而受到网友的热捧。尤其是青春期的孩子，更喜欢使用，甚至有些孩子认为不用这些词语，自己就不"酷"。对于这种现象，父母一定要正确地引导孩子合理地使用和对待。

　　困惑的父母二：

　　女儿今年14岁，上初三，孙先生发现女儿在微信朋友圈发的很多话都听不懂。孙先生仔细回想了一下，还发现最近一段时间跟女儿交流时，她也会时不时地冒出"亲""童鞋""坑爹"等词语，他觉得特别别扭。孙先生平时只允许女儿周末上网，没想到她还是学会了这么多网络语言。孙先生让女儿好好说话时，女儿反而取笑孙先生落伍。提起此事，孙先生显得很无奈。

　　网络语言是社会发展的产物，是在特定环境下、特定交往圈子里使用的。从一定意义上来说，是汉语言的发展和丰富。对于网络语言，要一分为二地看待，但是一味地放任孩子也不行。所以，父母对于网络语言的正确态度应该是不提倡、不杜绝，但要引导孩子使用文明语言。

方法一：引导孩子合理有度地使用网络语言

诚然，语言词汇是随着社会进步不断更新的，父母没必要一味地抵制，因为很多网络语言和语文教学中的要求规范并不冲突，只要让孩子适时、适度、适量地运用，不但能恰当地表情达意，还能润色文字、充实内容。

父母如果发现孩子对网络语言有了浓厚的兴趣，但是孩子在使用网络语言时超过了某个度，比如，一张嘴甚至在写作文时，满篇都是网络用语时，父母就要引导他们合理使用了。

方法二：引导孩子杜绝使用不良网络语言

当然网络语言也有好有坏，对于不良的网络低俗语言，父母就要引导孩子坚决杜绝了。比如，事先跟孩子签订一份协议，禁止他们使用"三俗"（庸俗、低俗、媚俗）的网络语言。

第十一章

孩子的自我管理

——青春期，让孩子学会管自己

元素一 语言管理：少一些恶语，多一些慧言

随着社会的发展，人与人之间的交往日趋频繁，口才的重要性也渐渐凸显出来。可是，在引导孩子的过程中，依然要少一些狂言和恶语，多一些智慧和坦诚。如果父母总是对孩子恶语相向，即使出发点是好的，孩子也不会领情，甚至还会恶化亲子关系。

困惑的父母一：

我儿子正在上初一，前段时间我不小心在他的QQ上看到同学跟他的对话。只见跟他聊天的是个女生，他们言谈中充斥着各种粗话和网络骂人的脏话，我觉得有些过了。我劝儿子少这样说话，可是他不听，认为他同学都这么说，感觉挺时尚的，甚至还觉得我老土。唉！该如何跟他沟通这个问题呢？

青春期的孩子喜欢表达自我，喜欢追求另类，不管哪句话、

哪个词，只要时尚、潮流，他们就敢说。因为在他们看来，时尚、潮流就是新的，新的就是好的。可是，令很多孩子不知道的是，时尚、潮流中的事物也有好坏之分，这时候父母的作用就是提高他们的认知能力和判断能力。

困惑的父母二：

我儿子今年上小学六年级，各方面表现都好。但是最近他特爱说脏话，令我感到非常头疼。放暑假后，我把他送到奶奶家，有一次让他表哥去接他时，他见到表哥的第一句话就是"你终于来了，××（脏话）！"

这么小的孩子竟然说些不堪入耳的话，并且，接下来几天的时间，他的脏话更是越说越离谱。发现这个情况后，我也跟儿子好好沟通过，但他根本听不进去。

毫无疑问，每一位父母都不希望自己的孩子满口脏话。为了引导孩子消除这种现象，父母就要规范他们的语言习惯，要鼓励他们多说规范用语，少说脏话和恶语。

方法一：以身作则，教导孩子使用敬语

教导孩子学会使用"谢谢""对不起""请"等礼貌用语相当重要，这是把孩子培养得有涵养的一项重要内容。

儿童教育家孙敬修说过："孩子的眼睛是录像机，孩子的耳朵是录音机，孩子的头脑是计算机。"青春期孩子的模仿性、可塑性是十分强大的，且父母是他们主要的模仿对象之一。如果父母能提高自身的修养，孩子就会潜移默化地受到积极的影响，逐渐变得温文尔雅。

方法二：净化孩子周围的语言环境

环境对孩子的影响是巨大的，要想让孩子文明用语，父母首先就要净化他们周围的语言环境。

孩子不文明的语言一般都来源于周围的环境，因此，当父母发现孩子说脏话时，首先要找出孩子说脏话的根源，尽量让孩子远离或少接触不良的环境。比如，父母可以有意识地限制孩子与经常说脏话的同学来往；可以和老师取得联系，让老师督促孩子养成文明礼貌的习惯；可以和孩子同学的父母取得联系，一起帮助孩子养成文明礼貌的语言表达习惯。

元素二 行为管理：少一些虎头蛇尾，多一些执行力

　　青春期孩子的执行力比较差，做事总是三分钟热度，一开始做起事情来总是兴致勃勃，好像身体里有一股很强的力量推着自己走，可是没过多久，这股力量就消失了，逐渐失去了继续做下去的兴趣。对于这样的孩子，父母要引导他们多行动，提高孩子的执行力。

　　困惑的父母一：

　　我儿子其实挺聪明的，就是做事缺少耐心，没有定性。有一段时间，他看到同学都在学画画时，自己也要学画画。都上初中了才学画画，我觉得时间有些晚了，不想给他报名。终于，经不住儿子的软磨硬泡，我答应了他的请求。可是，他学了两周不到，说什么也不肯再去了。

　　后来他又提出要学小提琴，并保证好好学。开始时，他的确

表现得不错，也经常得到老师的表扬。但不到一个月，他又说不好玩、没兴趣，怎么劝都不去上课了……

渐渐地，我发现儿子做什么事都是虎头蛇尾的，开始时决心很大、干劲很足，但是热乎劲儿一过去就松懈了下来。唉，不知道该拿他怎么办！

这种做事有始无终、缺乏执行力的坏习惯，对孩子今后成长的危害是巨大的。一般来说，这样的孩子往往意志力差、心理较脆弱、情绪不稳定、注意力不集中、自理自立的能力差，所以他们做事很难取得成功。久而久之，他们就会变得自信心不足，甚者会产生严重的自卑心理，做起事来更加不能坚持到底，陷入恶性循环之中。

困惑的父母二：

我儿子正在读高二，他从小到大成绩一直不错，深受老师和长辈的喜欢。也正是由于这些原因使得他过分自信。升入重点高中后，这种性格倾向更加明显了。

可能是他认为自己成绩一直比较好，因此平时在家里从不主动学习，整个暑假既不看课本，也不做作业，天天坐在电脑前玩游戏。我们一劝他学习时，他总是说："我的事不用你们管，我保证给你们考上名牌大学，还不行吗？"

大多数人都有一种自我意识，都有一种以自我为中心的倾向。这种以自我为中心的倾向在多种因素的综合影响下，容易发展成眼高手低、执行力差等倾向。尤其是对于青春期的孩子而言，这种倾向和习惯最为明显。

方法一：让孩子明确努力的目标

要想提高孩子的行动力和执行力，首先就要让孩子明确一个努力的目标，如此他们的行动也就有了动力。

父母在教育孩子时，一定要让孩子明确自己努力的目标，从小处着手。本着对每一件事都认真、负责的态度，父母要告诉孩子只有坚定目标，不懈努力，才会取得成功。

方法二：为孩子做谦虚的榜样

有些父母总是表现出一副得意扬扬、目中无人的样子，经常流露出对他人的不屑。比如，在自己孩子的面前对他人品头论足，说他人不如自己等。孩子听到这些话后，自然也会模仿父母的做法，只看到自己的长处，嘲笑别人的短处。因此，要想让孩子少些幻想，就要引导孩子变得谦虚起来，而父母首先就要做孩子的榜样。

元素三 欲望管理：少一些欲念，多一些克制

随着孩子进入青春期，他们心中的欲望也越来越大，集中表现为孩子的"成人欲望"。它虽然是一种正常行为，但如果父母不及时给予引导，孩子不懂克制和冷静，也会带来严重的后果。

困惑的父母一：

一天，郭女士突然接到17岁女儿打来的电话，她说一个男孩趴在她的宿舍窗外偷窥，被她和舍友抓住了。

老师赶到现场时，看到一个与女儿年龄差不多大的男孩哭丧着脸蹲在地上。看到学校保安过来，他竟然哭着说："我知道这样做不对，我也不想这样，可我根本管不住自己。你们救救我吧，我快要崩溃了……"

原来这名男孩是住在附近的辍学少年，平时特别喜欢浏览黄色网站，有时晚上会控制不住地偷窥女生。听了女儿的讲述，我叮

嘱她要注意安全，同时心中生出无限的感慨，现在的孩子都是怎么了？

青春期是个容易躁动的时期，这时期孩子会对异性充满好奇，尤其是那些自制力不强的孩子，或者受到诱惑的孩子，就会不懂得克制自己，更无法做到自制。

困惑的父母二：

自从上初三后，我儿子就迷恋上了网络。虽然他以前也会上网，但还算比较节制，可是这段时间一回到家就打开电脑。为了不让儿子耽误时间学习，我果断断了网络。

由于不能上网，儿子确实有所收敛。可是，儿子开始每天回家的时间越来越晚。开始的时候我没太注意，以为初三课程紧，他自己在学校多上了一会儿晚自习。

后来，他们班主任跟我反映说，我儿子连续很多天都完不成作业了。那时我才知道，他根本就没有上晚自习。我开始追踪儿子，结果发现儿子放学后都会到附近的网吧去。孩子如此迷恋网络，我该如何引导？

迷恋网络很容易将孩子引向歧途。青春期的孩子更容易对网络上的新奇事物产生好奇心。然而，网络上的很多信息都是不健康的，不利于孩子的健康成长。因此，一旦发现孩子迷恋网络，父母最好快速做出引导，引导他们克制自己的上网行为。

方法一：给孩子提供资料，给他更多知情权

很多时候孩子之所以会欲望无限，就是因为对事情不了解。其实，只要孩子知道了、了解了，他们对某件事的欲望可能就淡化了。因此，父母应该给孩子适当的体验新鲜事物的机会，让孩子拥有一定的知情权，才能满足青春期孩子的好奇心和求知欲。

方法二：发现孩子摆阔时，要适当引导

青春期的孩子喜欢摆阔，金钱观和消费观还不健全。这时候如果父母毫无节制地给孩子零花钱，只会增加他们对钱的欲望。因此，如果父母发现孩子沉溺其中，就要积极想办法，多进行引导；呵斥打骂不是引导孩子对钱的欲望管理的最好方式，只有用正确的方法，才能让孩子树立正确的金钱观。

元素四 安全管理：少一些冒险，多一些谨慎

少儿时期的很多孩子在过马路时会横冲直撞，不注意食品安全，不懂得回避风险，不会处理突发事件。慢慢地随着活动范围的扩大，孩子的胆子大了，加上有点不知深浅，更容易出问题。因此，在教育青春期孩子的时候，父母要引导他们少一些冒险，多一些谨慎。

困惑的父母一：

一天中午，儿子小飞骑着自行车去学校。就在他走到十字路口时，亮红灯了。但是当时街上车辆并不多，他看了看旁边没车子经过，就马上猛蹬了一下，直向对面冲去。

就在这时，一辆浅蓝色的小轿车急驰而来，与儿子相撞。好在最终儿子只是胳膊蹭破了点皮，并无大碍。看到孩子都上初二了，还不让人省心，我真的很担心。平时该叮嘱的已经叮嘱了，他怎么一点都不长记性呢？

青春期的孩子正处于走向成年的过渡阶段，是地地道道的半成人；而且，经验缺乏、心理稚嫩的他们无论是智力还是体力方面，均与成人相差很远。总的来说就是，他们做事风风火火，安全意识淡漠，容易冲动而做出一系列难以挽回的憾事来。

困惑的父母二：

去年冬天，街心公园的一条小河完全结冰。有一次，几个初中生结伴在上面滑冰，大家玩得不亦乐乎。突然，"咔嚓"一声，冰面上出现了一个冰窟窿，一个孩子瞬间就掉了下去，另外一个孩子看见了，想伸手去拉，结果自己也掉了进去。剩余的几个孩子见状，都吓得不知所措。好在救援人员及时赶到，第一时间将孩子从水里救了下来。知道这件事后，我心有余悸：难道青春期的孩子都不知道危险？

水边、建筑工地、窗口、井盖边……一切都是孩子在日常生活中最喜欢玩耍的地方，危险性极高。青春期的孩子缺少安全意识，很容易发生危险。因此，父母一定要让孩子少一些冒险，要让他们敬畏生命。

方法一：让孩子认识到生命的珍贵价值，不要盲目逞英雄

青春期的孩子血气方刚，一般都缺乏对生命的可贵的认识，

因此，对于他们的安全教育，父母有着不可推卸的责任。日常生活中，教育孩子学会保护自己，是父母的重要责任。只有让孩子认识到生命的重大意义和价值，他们才不会盲目地冲动和冒险，随时逞英雄。

任何时候盲目逞英雄，最终伤害的不仅是自己，可能还有别人。青春期的孩子思想还不够成熟，做事易冲动；同时思想比较单纯，想问题也比较简单。这不是他们的错，是这一特殊时期的正常表现。父母要做的就是，告诫他们不要做自己做不到的事，不要做伤害自己的事；在帮助别人之前要想想自己做这件事是否会伤到自己。

方法二：教会孩子一些自我保护的方法

青春期的孩子易暴躁，渴望成长，渴望自己做主，会出现很多心理变化，因此，父母的重要责任就是将正确的自我保护方法告诉他们。比如，有意识地对孩子进行法律方面的教育，让孩子了解依法享有哪些权利，当这些权利受到侵害时怎么办；教育孩子在遇到被侵害等情况时，学会脱险的办法，并向信任的人诉说，或到公安部门报案，请求帮助；传授给孩子必要的防暴技能和措施，如自卫术等。

元素五 心态管理：少一些消极，多一些积极

罗兰说过："开朗的性格，不仅可以使自己保持心情愉快，还可以感染周围的人们，使他们觉得人生充满了和谐与光明。"乐观与消极，就是一个矛盾共同体，此消彼长。因此，父母要让孩子拥有好心态，少一些消极和颓废，多一些积极和乐观。

困惑的父母一：

我们夫妻俩都在机关工作，每天工作繁忙而琐碎，总会当着儿子小晶的面抱怨，比如：

"我们单位的××真是太懒惰了，每天去七八趟卫生间，一去就是半个小时，总着找机会偷懒。"

"现在的领导真势利，××给他送了两条烟，很快就被提拔了。"

"我们办公室的××也这样，没什么本事，就会拍领导马屁，

看他那样就觉得恶心。"

……

儿子从小就在这样的环境中长大，也学会了评论人："外婆就喜欢舅舅家的小妹，不喜欢我。"

"老师偏心……"

慢慢地，小晶变得心胸狭窄起来，每天闷闷不乐的。我们知道自己的行为已经严重影响到了孩子，可是该如何改呢？

青春期孩子的个性与生活态度很大程度上是在父母的影响下形成的。如果父母以悲观的态度面对生活，那么孩子也容易整天活在阴暗中。相反的，父母在困境中如果抱以乐观的态度，孩子就不容易怨天尤人，而会积极面对困难。

困惑的父母二：

我女儿不知道最近怎么了，对一切都失望透顶。在她看来，社会是黑暗的，家庭是冰冷的，未来是茫然的。她问我："为什么好多烦恼都压向只有十几岁的我？现在我才觉得做一个顶天立地的人真的好难，我根本看不到任何希望。"那么，我该如何引导孩子让她变得积极一些呢？

每个父母都想让孩子拥有乐观的个性，获得美满的人生，但是生活中有一些孩子习惯用悲观的眼光看世界。因此，父母要努力挖掘孩子的消极表现，引导他们多一些乐观和阳光。

方法一：帮青春期孩子恢复愉快的心情

青春期的很多孩子都会陷入消极的状态，但是有的孩子能够迅速恢复愉快的心情，有的孩子则会深陷其中。当孩子因某件事情陷入痛苦或忧虑时，父母应及时帮助孩子摆脱消极的情绪。

方法二：引导自卑的孩子学会正确"补偿"

当青春期的孩子因为身材、外貌或某些缺陷而陷入强烈的自卑中时，不妨引导他们通过"补偿"的办法驱走"自卑"的阴影。

通常来说，针对青春期孩子因不足而带来的自卑，父母可以教他们采用两种方法来积极补偿：以勤补拙法和扬长避短法。当然，在使用这两种方法之前，必须让孩子正视这两种补偿方法。同时，还要让孩子正视自己的缺点和不足，然后用尽全力去证明自己的优点和长处，并因此变得自信、勇敢起来。

第十二章

和谐亲子沟通

——好好沟通，做孩子亲密的陪伴者

方法一 放下大人的架子，营造平等的对话环境

　　青春期的孩子由于身心发展的相对不平衡，容易出现一系列的心理问题和行为偏差。如何帮助孩子顺利走出低谷，是每个父母都应该解决的问题。而要想解决这些问题，父母首先就要学会与孩子正确沟通，即摒弃大人居高临下的身份，跟孩子进行平等的沟通，才能取得理想的教育效果。

　　困惑的父母一：

　　小飞已经读初三了，但他依然像读初一、初二时那样悠闲，总是跟好友出去打篮球、骑自行车，甚至还和几个好友一起组建了一支乐队，经常在家里或街头表演。我们把发生在儿子身边的事情都看在眼里，非常着急，认为儿子实在太不务正业了，总会训斥和责骂他。尽管如此，小飞依然我行我素，丝毫没有悔改之意。更让我们感到气愤的是，他竟然还交了一个女朋友。最终，他爸忍无可

忍，终于在某个周末与儿子爆发了一场家庭大战。

通常，青春期的孩子都不是特别喜欢将自己的感觉告诉父母，不管是自己心中的想法，还是过去的经验，他们认为跟父母说，不仅没用，还不安全，因此孩子的这种做法往往会换来父母的忽视、嘲笑或指责。长此以往，父母自然会失去许多可以帮助孩子成长的好机会。

困惑的父母二：

前段时间我们家买了新房，打算装修一下，三个月后才搬进去。考虑到房子要常住，我们打算装修好一点。为此，我查找了很多装修风格图，然后让老公提意见。老公基本上比较尊重我的意见，可是儿子却不满意，因为他想将自己的房间装修成自己喜欢的风格。一听到儿子天马行空的诸多设计要求和因此多出的大笔开销，我就没有同意。

但儿子不依不饶，说宁可拿出自己这几年的压岁钱也要按照自己的想法来装修他的房间。我很生气，他的钱还不是我的？我将这句话原封不动地讲给他听之后，他依然不服。为了说服儿子，我说："我是你妈，你就得听我的。你若不喜欢，那就别住！"

儿子说我专制，之后扭头就走了，不再理我。接着好几天他都不跟我说话。请问，我做错了什么？

通常来说，家有青春期孩子的父母一般都正处于更年期，这时期的父母也容易情绪不稳定，如愤怒、激动、紧张、焦虑、紧张等；而青春期的孩子大多个性叛逆、脾气暴躁、喜欢忧虑、做事冲动等。当更年期的父母遇上青春期的孩子，无异于火星和地球相撞，必然会引起争端。

方法一：尊重和理解孩子，而不是训斥孩子

要想真的尊重和理解孩子，首先要求父母不要动不动就摆出父母的样子训斥孩子。进入青春期后，孩子的思想和人际交往关系都会发生巨大的变化。面对诸多变化，他们会感到困惑，甚至会做一些错事，这时父母最好以朋友的身份开导他们，帮助他们处理事情，不要以家长的姿态胡乱训斥他们，否则只会激起孩子强烈的逆反心理。

方法二：不要用陈旧的思想观念和孩子沟通

父母之所以会和青春期孩子的沟通变得异常困难，主要原因就在于双方之间的代沟变明显了。父母那一代人和孩子这一代人在思维方式和做事方式上存在明显的不同，如果父母想有效地和孩子沟通，就要尽量与孩子的思想观念保持一致。

方法二 正确地询问孩子，而不是审问

青春期的孩子会集中思考自我的价值，以及自我在社会中的位置，这时候的他们已经获得了生命主体的觉醒和自我意识的提升，对事情不再轻易盲从或依附。他们会重新寻找自己心目中的偶像，而怀疑父母的权威性。这时，父母如果还以"长辈"的身份自居，审问孩子，忽视孩子的成长感受，就容易引发冲突。

困惑的父母一：

自从女儿肖晓进入青春期，出于担心和爱护的目的，我便要求她少与男生来往，女儿也点头答应。但是，我依然不放心，只要女儿每天放学一回家，我就会无休止地询问她跟同学接触的情况。一次，肖晓去给同学过生日，回来晚了。回到家后，我就劈头盖脸地问她："怎么这么晚才回来？你知不知道我有多担心！你知道现在

有多少坏人吗，你怎么不让我省点心……"可是女儿根本不理我，

从那以后，她回家的时间似乎更晚了。我是不是太多心了？

心理学上有个著名的"海格立斯"效应——通俗地讲，就是我们平常所说的"以眼还眼，以牙还牙"或者"以其人之道，还治其人之身"，这种心理状态在孩子身上常常表现为"你跟我过不去，我也让你不痛快"。因此，父母对青春期孩子无休止的指责，只会令孩子心里不痛快，从而使孩子跟父母对着干。

困惑的父母二：

女儿小雪是个自尊心很强的女孩。每次做了错事被我批评时，她总是把嘴巴撅得老高，常常喜欢强词夺理，有时甚至撒谎、打小报告、嫁祸于人。有一次，她走路太急，不小心把餐桌上的茶杯摔坏了，我批评她说："你怎么回事，走路不会小心点啊！"

谁知，她却把脸一扬说："谁让你们把茶杯放在桌子上的。"

并且，小雪一点儿也不能接受别人的批评。如果因为学习成绩下降或懒惰而被我批评，她就会反应很激烈，不是绝食抗议，就是离家出走。无奈，我们大人只能凡事依着她，什么重话也不敢说。

青春期的孩子自尊心一般都很强，而且也很叛逆。如果他们过去一直生活在父母的甜言蜜语中，从来没有接受过批评，很容易变

得刁蛮、任性、自私等，更分不清是非对错。因此，要想与孩子沟通，父母就要充分尊重孩子，尽量多询问，少审讯。

方法一：主动弯腰，和孩子平等交流

青春期的孩子不再像小孩子那样听从父母的安排，他们的成人意识已经生根发芽，也希望得到父母的尊重和认可。因此，父母要改变过去的那种高高在上的沟通方式，要主动跟孩子站在同等的位置或视角平视地交流。

方法二：遇到问题，多跟孩子商量

父母之所以要管教孩子，目的都是为了孩子更好地成长。遇到跟孩子有关的事情时，父母如果不跟孩子商量，而是一意孤行，就会引起孩子的反感。因为青春期的孩子已经有了自己的判断力和思考力，他们知道父母的态度正确与否，如果父母总是咄咄逼人，他们就会离父母远远的。因此，既然想解决问题，父母就要多跟孩子商量。

方法三 试着把谈话的主动权交给孩子

　　青春期孩子的独立意识越来越强烈，他们都有自己的主张、想法和思想，这就要求父母在和孩子沟通时，一定要将孩子当成大人来对待，在沟通中要多倾听孩子，要把谈话的主动权交给他们。

　　困惑的父母一：

　　夏天来了，女人小圆去品牌店买了一件自己早就看中的白色上衣，准备和好朋友小芳来一个"姐妹装"。小芳的那件也是白色的，她觉得穿着特别精神。可是，我却不满意女儿自己买的那件衣服，不是因为价格贵，而是因为款式不好。我让她去退换，她却不同意。一来二去，我们俩就吵起来，最后女儿直接拿起剪刀把那件衣服毁掉了。这能怪我吗？孩子的脾气怎么就那么大？

　　每个人在长大的过程中，都会从对父母的依赖走向独立和成熟，而这个过程中也必定充满误解和挑战。孩子第一次自己做主买衣服，第一次自己选择异性朋友，第一次去书店买与课文无关的书回来，这些都是独立的开始，但往往也是矛盾的开始。

困惑的父母二：

女儿晓微是一个漂亮的初三女孩，她性格温和，学习成绩优异。可是我也有烦心事儿，那就是女儿总跟男同学来往。有一次放学后，女儿跟一位男同学同路回家时，正好被我看到。晚饭时，我问她那个男孩是谁。晓微说是自己班上的同学，两人的家离得不远，可以一起回家。我穷追不舍，问她是不是在谈恋爱。女儿一下子火了，不再说话。我却因为没有得到答案而心生郁闷。

作为青春期孩子的父母，看完这个案例后回想一下，自己是不是也对孩子做过类似的事情？青春期的孩子自尊心都很强，也很敏感。对于父母的态度，他们可以很快地感觉出来，一旦受到伤害，他们就会选择与父母较劲。

方法一：引导孩子说出自己的心声

当我们听到孩子主动谈及某个话题时，完全可以将谈话的主动权交给孩子，引导孩子说出自己的想法，再来对症下药。比如，孩子不想上学的原因有很多，学习压力大，同学关系不好，不喜欢老师……父母只有找准了源头，才能对症下药，从而跟孩子协商解决办法。

方法二：多给他讲话或解释的机会

当孩子向父母倾诉时，父母不要急着打断或否定他们，要多鼓励他们主动表达或解释；同时，多点耐心，运用一些非语言符号鼓励孩子继续谈下去，如眼神、手势、体态等。这样孩子就会愿意继续和父母沟通，使父母更快地了解他们的喜怒哀乐。

在与孩子沟通的过程中，倾听发挥着重要的作用。父母认真倾听孩子，不仅能让孩子的情绪得到释放，还容易让他们意识到自己的错误，这种方法往往比指责有效得多。

青春期的每个孩子都有倾诉的需要。在倾听孩子的讲话时，父母要多一些耐心、真诚和技巧，不但有助于孩子宣泄自己的情绪，还会满足他们被尊重的需要，这样他们就更愿意与父母说"掏心窝子的话"。

如今，很多孩子父母都习惯以"忙"为借口来减少和孩子沟通的时间，认为孩子大了，即使很多事情父母不听、不说，他们也知道该怎么解决。但是，无论孩子到什么年龄段，他们都需要和父母进行交流，因为每个人都有渴望他人关注的本能，更不用说正处于青春期这个特殊时期的孩子了。

父母为了家庭忙碌工作本无可厚非，但是再忙也应该尽量多抽出一些时间去听听孩子在学校的趣事，让孩子讲讲自己的心事。即使真的很忙，当孩子想和父母交谈时，父母最好立即停下手中的事情，对孩子说："我很愿意听你说，但是现在我有点忙，等一下给我讲，好吗？"相信得到了父母的关注和尊重，孩子也会理解父母，并保持和父母继续沟通的欲望。

方法四 沟通不畅时，按下"暂停键"

父母在和青春期孩子沟通时，总会遇到各种各样的问题，一旦遇到沟通不畅的现象时，最佳的选择就是按下"暂停键"，即用暂停谈话的方式，让孩子进行情绪缓冲，这样才能使接下来的沟通变得顺畅。

困惑的父母一：

我儿子浩洋今年13岁，进入青春期后，他变得很叛逆，开始学会了反抗。有一次，由于实在无法忍受儿子总是和我顶嘴，一时气急，我就怒气冲冲地说："从小到大我给你说过多少遍了，不要和我顶嘴，你怎么就不改呢！我供你吃穿，供你上学，没想到你变成了这样！我要你有什么用？给我出去！"

没想到当天晚上儿子留下一封信，离家出走了。虽然儿子现在被我们找回来了，但我们的关系变得更加糟糕了。

青春期的孩子犯错误是不可避免的。作为父母，可以批评他们，但不能蛮不讲理，更不要以长辈的身份恐吓、威胁他们，应该把他们当作大人平等对待。一旦正处于叛逆期的孩子对父母的批评产生免疫、质疑和反感，结局对于父母和孩子来说都是悲哀的。

困惑的父母二：

昨天，读初二的女儿小晴在该回家的时间点还没有回家。眼看晚饭都已经做好了，还是不见小晴的影子，我有些着急地嘀咕："都什么时候了，还不回来！不等她了，先吃饭！回来我非得好好教育她一顿！"

到晚上八点多时，待小晴一进家门，我就劈头盖脸地一阵责骂："你到哪里去了？害得我们差一点去报案……"小晴试图解释，但我哪里听得下她的解释。我越说越气，竟然一个巴掌打得小晴捂着脸、哭着跑进了自己的房间。我也有些后悔了，可是已经打出去了，我该怎么办？

案例中的父母本意是出于对小晴的爱和关心，但由于没有控制住自己的情绪，瞬间将自己对孩子的爱和关心转化成了愤怒。小晴得到的是一通劈头盖脸的训斥，和几乎伤到她心里去的一巴掌。如此，即使孩子知道父母是爱自己的，但依然无法接受这种"爱"的方式。

方法一：做个有心人，及时与孩子沟通

前面已经提到，青春期的孩子比较容易敏感、多疑、自我、自恋等，尤其是女孩，有时候更会十分敏感，甚至钻牛角尖。在这种情况下，父母就要做有心人，多关注孩子，与孩子进行心灵沟通，及时了解孩子的心理动向。

青春期的孩子在生活上、生理上、心理上都会发一定的变化。如果父母能够及时捕捉这种变化，并给予孩子正确的指导，孩子在成长的道路上就会少走弯路，生活也会更加健康和阳光。

方法二：批评孩子，一定要给他留面子

要想让孩子乐于接受批评，父母就要掌握一些批评的技巧。当孩子犯错误时，父母先不要急着批评或惩罚他们，更不能劈头盖脸地一顿臭骂。因为这种处理方式过于急躁，不但无法让孩子体会到父母的爱心，反而会使孩子对父母产生抵触情绪。父母高明的批评办法，是让孩子自己去反省，进而认识并改正自己的错误。

方法五 运用亲密接触的非语言力量

著名的语言学家艾伯特·梅瑞宾通过科学研究提出过这样一个沟通公式：沟通的总效果 = 7%的语言 + 38%的音调 + 55%的面部表情。由此可见，人与人之间的沟通93%都是通过非语言形式的沟通进行的。在亲子沟通的过程中，父母也要重视非语言的力量。

困惑的父母一：

某天下班回家后，我看到儿子正跟同学在房间里写作业。我无意中听到儿子对同学的抱怨："最近，我越来越觉得父母不爱我了，小时候他们还抱我、给我安慰，现在根本就把我当成'透明人'，每天就知道问我学习的情况。我在外边受了委屈，他们不是随口说一句，就是无视我。"

听了儿子的话，我感到一阵心疼？他怎么能这样理解我呢？

一般来说，非语言沟通的形式包括：面部表情、目光接触、身体接触、手势、体态和肢体语言、空间距离等。通过非语言沟通，可以更加亲切地传递信息、沟通思想和交流感情；而且，非语言符号如抚摸、拍肩、竖起大拇指等，还是语言沟通的辅助工具，能使语言表达得更准确、生动、有力、具体。因此，在和青春期孩子交流时，父母要灵活使用一些非语言沟通来表达自己的情感。

困惑的父母二：

女儿薇薇尽管已经读初三了，但依然有点不务正业，不是经常和同学逛街、唱歌，就是经常看电视、追星等。虽然我们大人责骂过她很多次，可是她依然我行我素，甚至还变得越来越叛逆。

不可否认，这种直接的、居高临下的教育方式存在着严重的问题。如果父母对孩子的管教总是以一种居高临下的姿态进行，就会在无形中使亲子关系变得疏离，加深两代人之间的代沟。

方法一：给孩子一个拥抱

除了语言表达之外，父母应该掌握一些和孩子非语言的沟通方式，如多用拍肩、握手等肢体语言，让孩子在身心放松的同时感受到来自父母的关爱。更重要的是，拍肩、握手等非语言的沟通方式，表达的是对孩子的信任、理解和支持，能促使孩子变得积极，或者鼓起勇气，战胜挫折。

非语言沟通有时比语言沟通更管用，难怪英国教育家斯宾塞会说："给孩子多一些拥抱、抚摸，甚至亲昵地拍打几下，孩子的交往、智力、情感等都会更健康。"

方法二：对孩子多点眼神交流

教育界一直流传着这样一句名言："聪明的家长用眼神教育孩子，一般的家长用嘴巴教育孩子，差劲的家长用拳头教育孩子。"可见，眼神对教育青春期的孩子非常重要。眼神，不但能传递很多心灵的信息，还能起到鼓励和警示孩子的作用，因此必要的时候，父母可以用眼神代替说教来教育孩子。

事实证明，父母流露出鼓励、支持的眼神，会激发孩子继续努力的斗志；父母流露出责备、警告的眼神，会让孩子意识到自己的错误，及时制止自己的无理行为；父母流露出关爱、疼惜的眼神，就会让孩子深切地体会到父母的"爱"，进而也学会"爱"自己的父母。因此，父母一定不能忽视眼神的重要作用。

千万不要对青春期孩子做的几件事

青春期是孩子成长过程中十分重要的一个阶段，在这个阶段，孩子的身体不仅会快速成长，心理上也会出现巨人的变化：世界观、价值观逐渐形成，脾气、性格渐渐稳定……在这个过程中，父母不仅要帮助孩子建立良好的生活习惯、让孩子拥有健康的体魄，还要关注孩子的心理健康。因此，在这个阶段，父母千万不要对青春期的孩子做这样几件事。

1.不要当着孩子的面吵架

一家青少年心理研究机构对三千多名青少年进行了一次心理状况调查，其中一个问题是："你最怕爸爸妈妈的是什么"，孩子回答得最多的是："我最怕爸爸妈妈生气，怕他们吵架"。

很多父母都觉得，孩子还小，夫妻间说些什么，做些什么，都不会影响孩子。其实，孩子那一双双亮晶晶的大眼睛，早已把父母在他们面前的一切言行都记录下来了。父母之间争吵不休，满嘴粗话，甚至动手动脚，家庭气氛处于紧张状态，会给孩子的心理造成巨大的压力；父母长期感情不和，寡言少语，生活压抑，时间久了，也会损害孩子的心理健康，会使孩子变得冷漠、孤独、执拗、粗野等。因此，为孩子营造一个良好的家庭气氛，是每一位父母应该谨记的。

2.不要对孩子撒谎

孩子最讨厌父母轻易承诺又不能兑现，言而无信，"捉弄"自己。父母说话不算数，不仅会失去自己在孩子心目中的威信，同样不利于孩子的成长，甚至还影响孩子的形象建立。这样做，还会使未形成守信观念的孩子觉得，一个人说话可以不负责任，答应别人的事情也可以不办，如此孩子就容易养成"轻率""无信用"的坏习惯。

说话算数的父母，不会跟孩子轻易许诺，不会随便许愿，不会为了达到自己眼前的目的，而随便答应孩子的要求。当孩子提出要求时，他们会认真想一想，这种要求是否合理、能否兑现，如果是合理的、可兑现的，就认真地承诺、必须兑现。

3.不要不欢迎他的朋友

青春期的孩子已经长大，希望拥有几个真心的朋友，跟自己一起来分享喜怒哀乐。但是，有些父母可能因为孩子的朋友不懂礼貌，或太精于算计，或爱说脏话、爱撒谎等缺点而不喜欢他们。可是，对孩子来说，随着身心的逐渐发展，他们都希望父母以"大人"身份对待他们，尊重孩子在选择朋友时的决定权和选择权。如果父母不喜欢孩子的朋友，就会引起孩子的反感，从而使双方的隔阂逐渐增大。

父母应当尊重孩子对好朋友的选择，要站在孩子的角度去看待孩子的朋友，要多进行角色换位思考，尊重维护孩子的选择。同时，父母要承认与孩子之间选择朋友时的差异，并尊重这种差异。

当然，父母适度给孩子一些提醒也是必要的。如果发现孩子的朋友身上有一些不良行径，父母一定要及时将这些信息告知孩子，但要把决定权留给他们，不要强行干涉。

4.不要忽视孩子的优点

父母总是希望自己的孩子是最好的。但是，在很多人眼里，自己的孩子总不如别人的孩子好。这究竟是怎么回事？这些都源自父母望子成龙的心态。

每个人都有优点，也有缺点，孩子也是一样。父母整天跟孩子生活在一起，眼中看到的似乎总是孩子的缺点，而忽视了他们的优点。在现实生活中，有的父母会把孩子的短处和别人的孩子的长处相比，甚至把别人的孩子过度地美化和夸张。父母这么做的目的是给自己的孩子树立榜样，却给孩子带来了巨大的伤害。

每个孩子都有自己的长处和优点，虽然孩子的天资有别，学习事物有快慢，学习成绩也有高低，但判断一个孩子的好坏，不能只取决于某一个方面。

作为父母，我们不能只凭长相、成绩等某个方面就认定自己的孩子不如别人、没有出息，应该努力发现他们的优点，发现他们与众不同的地方；要始终相信自己的孩子是优秀的，要把赞美的话说给孩子听，让他们在我们的赞美声中继续发扬自己的优点和长处。

5.不要过分强调父母的权威

过分强调父母权威和等级，就会在不经意间关上亲子交流的大门。如今，中国传统的教育方式，有的已经不适合跟孩子进行良性互动。比如，父母一味地强调权威和等级，不与孩子平等交流，容易使孩子的心理出现很多问题。

优秀的父母不会把自己放在绝对无误的权威位置上，因为对孩子指手画脚的人也不是直接替孩子做决定的人，要努力体谅孩子成长的艰难，理解他们心中的障碍，必要时允许他们"不乖""不正常"；要了解他们出于什么理由去破坏规则，还要给他们时间去建立规则。

6.不要在客人面前指责他

亲朋好友相聚时，各自的孩子往往会成为大人闲聊时的重要话题之一。很多父母喜欢在众人面前揭自己孩子的短，似乎是在向别人诉苦，说自己教育这样一个孩子多不容易；有的父母只是为了客气一下，用批评自己的孩子来表现"谦虚"。殊不知，父母一味地指责孩子的短处，如学习不行，长相不行，交际不行，干家务不行等，只会让孩子觉得自己不行，没人赏识。孩子一旦觉得父母对自己不满意，他们跟父母的关系就会渐行渐远。

7.不要偏心，要一视同仁

父母偏心，会让某些孩子从小就成长在父母的余光里。两个孩子都是一双父母所生，零用钱、衣服、出游……待遇却不一样，会给孩子的成长带来阴影，引发一系列行为问题。即使他们长大后离家生活多年，组建了自己的家庭，这种影响依然会持续存在。

而且，无论是受到冷落的一方，还是被偏爱的一方，或是旁观的一方，孩子只要觉察到父母的偏心，都会受到损害。因为受到冷落的孩子会对父母或被偏爱的孩子心生怨恨，被偏爱的孩子则会招致兄弟姐妹的憎恶，而旁观的孩子则会变得十分冷漠无情。